Il genocidio nella Repubbl
del Congo
Svelare la tragedia di

Il genocidio nella Repubblica Democratica del Congo: Svelare la tragedia dimenticata.

Marien-Edgard Ngbali BEMI

Published by MarBe, 2024.

While every precaution has been taken in the preparation of this book, the publisher assumes no responsibility for errors or omissions, or for damages resulting from the use of the information contained herein.

IL GENOCIDIO NELLA REPUBBLICA DEMOCRATICA DEL CONGO: SVELARE LA TRAGEDIA DIMENTICATA.

First edition. October 22, 2024.

Copyright © 2024 Marien-Edgard Ngbali BEMI.

ISBN: 979-8227341310

Written by Marien-Edgard Ngbali BEMI.

Also by Marien-Edgard Ngbali BEMI

Échos de l'Est de la République Démocratique du Congo : Poèmes d'une Terre en Guerre Perpétuelle.
Ecos do Leste da República Democrática do Congo: Poemas de uma Terra de Guerra Perpétua.
Echi dall'est della Repubblica Democratica del Congo: poesie da una terra di guerra perpetua.
Demokratik Kongo Cumhuriyeti'nin Doğusundan Yankılar: Sürekli Savaş Ülkesinden Şiirler.
Jesus-Christ, the Refugee!
Jésus-Christ, le réfugié!
Gesù-Cristo, il rifugiato!
¡Jesucristo, el Refugiado!
Jesus Cristo, o Refugiado!
İsa-Mesih, Mülteci!
Jesus-Christus, der Flüchtling!
The Genocide in the Democratic Republic of the Congo: Unveiling the Forgotten Tragedy.
Le génocide en République démocratique du Congo : Révéler la tragédie oubliée.
Il genocidio nella Repubblica Democratica del Congo: Svelare la tragedia dimenticata.

Sommario

Introduzione: Svelare la tragedia dimenticata 1
Capitolo 1: Il contesto storico della Repubblica Democratica del Congo 4
Capitolo 2: La prima guerra del Congo e le sue conseguenze 8
Capitolo 3: La seconda guerra del Congo: un conflitto regionale con implicazioni globali 13
Capitolo 4: Il ruolo delle risorse naturali nell'alimentare i conflitti 20
Capitolo 5: Il costo umano: Genocidio, crimini di guerra e crimini contro l'umanità 27
Capitolo 6: La risposta internazionale e il ruolo delle Nazioni Unite 34
Capitolo 7: La condizione di donne e bambini: Vittime di violenza e sfruttamento 42
Capitolo 8: Il ruolo degli attori non statali e dei gruppi ribelli 48
Capitolo 9: Il ruolo nefasto del Ruanda e la complicità della Comunità internazionale 56
Capitolo 10: La debolezza e la disorganizzazione dell'esercito congolese 60
Capitolo 11: Impatto economico: come il conflitto distrugge i mezzi di sussistenza 69
Capitolo 12: I rifugiati dimenticati: Sfollamento e crisi umanitaria 77
Capitolo 13: La Corte penale internazionale e le responsabilità .. 85
Capitolo 14: Il cammino verso la pace: Gli sforzi per la riconciliazione e la ricostruzione 93
Capitolo 15: Il ruolo dei media: Silenzio, sensazionalismo e verità 102
Capitolo 16: Movimenti di base e ruolo della società civile ... 110
Capitolo 17: Lezioni apprese e strada da percorrere 117
Epilogo: La speranza di una nuova alba nella RDC 125

BIBLIOGRAFIA | Libri 130
Articoli e riviste accademiche 132
Rapporti e documenti di lavoro....................................... 134
Media e documentari 136

Epigrafe

"Non ricordo esattamente il momento in cui mi è venuta l'ossessione di scrivere un'opera teatrale sulla guerra apparentemente infinita nella Repubblica Democratica del Congo, ma sapevo che volevo in qualche modo raccontare le storie delle donne congolesi prese nel fuoco incrociato".

(Lynn Nottage)

"La Repubblica Democratica del Congo è potenzialmente uno dei Paesi più ricchi della terra, ma il colonialismo, la schiavitù e la corruzione l'hanno trasformata in uno dei più poveri".

(Dan Snow)

"Il mondo non dovrebbe ignorare gli orrori della parte orientale della Repubblica Democratica del Congo".

(Marien E.N. Bemi)

Dedica

Agli innumerevoli uomini, donne e bambini a cui è stata brutalmente tolta la vita, le cui grida sono rimaste inascoltate e i cui sogni sono stati spenti nelle buie foreste della Repubblica Democratica del Congo.

Ai sopravvissuti, il cui coraggio sfida gli orrori di cui sono stati testimoni e la cui forza dà speranza alle generazioni future.

Alle voci dimenticate dell'est, la cui sofferenza rimane un ossessionante promemoria del fallimento dell'umanità nel proteggere i più vulnerabili.

Possa questo libro essere una testimonianza della vostra resilienza, un memoriale della vostra sofferenza e un appello alla giustizia di fronte a una tragedia indicibile.

Non siete dimenticati. Questo è per voi.

Introduzione: Svelare la tragedia dimenticata

La Repubblica Democratica del Congo (RDC), una nazione con abbondanti risorse naturali e un vivace patrimonio culturale, è stata segnata da decenni di conflitti, violenze e sofferenze umane. Spesso definita "la guerra dimenticata del mondo", la tragedia che si è consumata nella RDC è una crisi complessa e sfaccettata che richiede un'attenzione globale. Questo libro si propone di far luce sul genocidio e sui crimini contro l'umanità che hanno afflitto la RDC, esplorando le cause principali, gli attori coinvolti e il profondo impatto su milioni di vite.

La storia della RDC è una storia di immenso potenziale oscurata dallo sfruttamento, dal colonialismo e dal conflitto. Dal brutale regno di re Leopoldo II del Belgio alle lotte di potere della Guerra Fredda, la RDC è stata un campo di battaglia per interessi contrastanti. La fine della Guerra Fredda non ha portato la pace, ma ha segnato l'inizio di un nuovo e ancora più devastante capitolo della storia della nazione.

La prima guerra del Congo, iniziata nel 1996, è stata un punto di svolta che ha gettato le basi per la successiva violenza che ha caratterizzato la moderna RDC. Un conflitto che affonda le sue radici nelle conseguenze del genocidio ruandese, nelle lotte di potere regionali e nella ricerca delle vaste ricchezze minerarie della RDC. La guerra ha portato al rovesciamento del regime di Mobutu Sese Seko, ma ha anche scatenato un'ondata di instabilità che persiste da decenni.

La Seconda guerra del Congo, spesso definita "la guerra mondiale dell'Africa", fu ancora più catastrofica. Ha coinvolto più nazioni africane e ha causato la morte di milioni di persone, soprattutto per malattie e fame. Nonostante la fine formale della guerra nel 2003, la violenza è continuata in varie forme, soprattutto nelle regioni orientali della RDC. I gruppi ribelli, spesso sostenuti da potenze straniere, continuano a sfruttare le risorse del Paese e a perpetuare un ciclo di violenza che ha lasciato milioni di sfollati e traumatizzati.

Uno degli aspetti più inquietanti del conflitto nella RDC è l'uso del genocidio e di altre forme di violenza di massa come strumenti di guerra. Intere comunità sono state prese di mira in base alla loro etnia e l'uso sistematico dello stupro e della violenza sessuale come armi di guerra ha devastato la vita di innumerevoli donne e ragazze. Queste atrocità sono rimaste in gran parte impunite e molti autori sono ancora in libertà.

La risposta della comunità internazionale alla crisi nella RDC è stata incoerente e, a volte, tristemente inadeguata. Sebbene le Nazioni Unite abbiano dispiegato forze di pace, questi sforzi sono stati spesso ostacolati da risorse limitate, mancanza di coordinamento e vincoli politici. La Corte penale internazionale ha fatto alcuni passi avanti nel ritenere i responsabili responsabili, ma la giustizia rimane sfuggente per molte vittime.

Questo libro approfondisce anche l'impatto economico del conflitto, esaminando come lo sfruttamento delle vaste risorse naturali della RDC, tra cui coltan, diamanti e oro, abbia alimentato la violenza e la corruzione. I proventi di queste risorse hanno spesso finanziato gruppi di ribelli e interessi stranieri, esacerbando il conflitto e lasciando che il popolo congolese ne subisse le conseguenze.

La condizione di donne e bambini nella RDC è un punto centrale di questo libro. Essi sono spesso i più vulnerabili in tempi di conflitto e devono affrontare violenze, sfruttamento e sfollamento. L'uso di bambini soldato, il rapimento di donne e la prevalenza della violenza sessuale ricordano il costo umano delle guerre nella RDC.

Approfittando della debolezza dell'esercito congolese e della mancanza di una leadership efficace da parte del governo congolese - minata dalla corruzione e dalla disorganizzazione - il piccolo Ruanda continua a destabilizzare il Congo maggiore attraverso i gruppi ribelli, sotto il silenzio e la benedizione della cosiddetta comunità internazionale. Questo libro si propone di analizzare questa macabra situazione di guerra perpetua.

Nonostante il quadro desolante, ci sono storie di resilienza e speranza. Movimenti di base, organizzazioni della società civile e individui coraggiosi continuano a lottare per la pace, la giustizia e i diritti del popolo congolese. Il cammino verso la pace e la ricostruzione è irto di sfide, ma è un viaggio che deve essere intrapreso per il futuro della RDC e del suo popolo.

Questo libro cerca di portare la tragedia della RDC alla ribalta della coscienza globale, di dare voce a chi non ha voce e di garantire che le lezioni apprese da questo conflitto non vengano dimenticate. È un appello all'azione per la comunità internazionale, i responsabili politici e i singoli individui, affinché si impegnino per una pace giusta e duratura nella RDC.

Nell'intraprendere questa esplorazione della storia della RDC, dei conflitti e della strada da percorrere, è essenziale riconoscere che non si tratta solo della storia di una terra lontana, ma di un riflesso delle sfide globali che dobbiamo affrontare per promuovere la pace, la giustizia e la dignità umana. Il genocidio nella RDC è una macchia sulla coscienza dell'umanità ed è nostra responsabilità collettiva garantire che non venga trascurato o dimenticato.

Capitolo 1: Il contesto storico della Repubblica Democratica del Congo

La Repubblica Democratica del Congo (RDC), una nazione vasta e ricca di risorse situata nell'Africa centrale, ha una storia complessa e tragica. Per comprendere la crisi attuale, è essenziale approfondire il contesto storico che ha trasformato la RDC nella nazione che è oggi. Questo capitolo fornisce una panoramica dettagliata degli eventi e delle influenze principali che hanno avuto un ruolo centrale nello sviluppo della RDC, dall'epoca precoloniale a quella post-indipendenza.

Regni e società precoloniali

Prima dell'arrivo dei colonizzatori europei, la regione oggi conosciuta come RDC ospitava una serie di potenti regni e società. Tra questi, il Regno di Kongo, l'Impero Luba e l'Impero Lunda. Questi regni erano caratterizzati da sofisticate strutture politiche, vivaci reti commerciali e ricche tradizioni culturali. Il Regno di Kongo, ad esempio, era uno Stato altamente centralizzato con un complesso sistema di governo che comprendeva un re (il Mani Kongo) e una rete di governatori provinciali.

Il commercio ha svolto un ruolo cruciale nella prosperità di queste società precoloniali. Il fiume Congo fungeva da arteria vitale per il commercio, collegando le regioni interne con le aree costiere e facilitando lo scambio di beni come avorio, rame e schiavi. L'arrivo degli esploratori portoghesi nel XV secolo segnò l'inizio di un maggiore contatto con l'Europa, che avrebbe portato a profondi cambiamenti nella regione.

La corsa all'Africa e la colonizzazione belga
La fine del XIX secolo vide l'inizio della "corsa all'Africa", durante la quale le potenze europee fecero a gara per colonizzare e sfruttare le risorse del continente. La Conferenza di Berlino del 1884-1885, convocata dalle potenze europee per spartirsi l'Africa, segnò una svolta per la regione del Congo. Durante la conferenza, il re Leopoldo II del Belgio ottenne il controllo di quello che sarebbe diventato lo Stato Libero del Congo.

Il governo di Leopoldo sullo Stato Libero del Congo fu caratterizzato da estrema brutalità e sfruttamento. L'obiettivo primario dell'amministrazione di Leopoldo era quello di estrarre la maggior ricchezza possibile dalla colonia, in particolare attraverso il commercio della gomma. I metodi utilizzati per raggiungere questo obiettivo erano terribili e prevedevano il lavoro forzato, la violenza diffusa e il saccheggio sistematico delle risorse della regione. Le atrocità commesse durante questo periodo, tra cui la mutilazione e l'uccisione di milioni di congolesi, sono state ampiamente documentate e condannate dagli storici.

La protesta internazionale contro gli abusi nello Stato Libero del Congo portò il governo belga ad assumere il controllo della colonia nel 1908, rinominandola Congo Belga. Tuttavia, mentre l'amministrazione divenne più centralizzata, lo sfruttamento del popolo congolese e delle sue risorse continuò, anche se sotto una veste più burocratica.

La strada verso l'indipendenza
La metà del XX secolo fu un periodo di crescente nazionalismo in tutta l'Africa e il Congo belga non fece eccezione. La spinta all'indipendenza fu alimentata da una crescente consapevolezza tra gli intellettuali e i leader congolesi delle ingiustizie del dominio coloniale, nonché dal più ampio contesto di decolonizzazione in atto in tutto il continente.

Nel 1960, in seguito alle crescenti pressioni, il Belgio concesse al Congo l'indipendenza. La transizione, tuttavia, fu tutt'altro che agevole. La nuova nazione indipendente, ora chiamata Repubblica del Congo, sprofondò immediatamente nel caos. La mancanza di preparazione all'autogoverno, unita alle profonde divisioni etniche e alle tensioni geopolitiche della Guerra Fredda, portarono a una serie di crisi che avrebbero gettato le basi per decenni di instabilità.

L'ascesa di Mobutu e l'era dello Zaire

Una delle figure più significative nella storia post-indipendenza della RDC è stata Mobutu Sese Seko, salito al potere con un colpo di Stato nel 1965. Rinominato Zaire nel 1971, Mobutu instaurò un regime altamente centralizzato e autoritario che durò per oltre tre decenni. Il suo governo è stato caratterizzato da corruzione, abusi dei diritti umani e saccheggio sistematico delle risorse del Paese.

Il regime di Mobutu fu sostenuto dalle potenze occidentali, in particolare dagli Stati Uniti, che vedevano in lui un baluardo contro il comunismo in Africa durante la Guerra Fredda. Tuttavia, la sua cattiva gestione dell'economia e la repressione del dissenso politico hanno portato a una diffusa povertà e al malcontento della popolazione congolese.

Il declino di Mobutu e l'inizio della guerra

All'inizio degli anni '90, la presa di Mobutu sul potere si stava indebolendo. La fine della Guerra Fredda ha fatto sì che il sostegno occidentale al suo regime venisse meno e che l'opposizione interna si rafforzasse. La Prima guerra del Congo, iniziata nel 1996, segnò l'inizio della fine per Mobutu. Una coalizione di gruppi ribelli, sostenuti da Paesi vicini come Ruanda e Uganda, lanciò una campagna armata per rovesciarlo.

La guerra culminò con la conquista della capitale, Kinshasa, nel 1997, e l'insediamento di Laurent-Désiré Kabila come nuovo presidente. Tuttavia, questa vittoria non portò la pace nella RDC. Al contrario, ha posto le basi per la Seconda guerra del Congo, che sarebbe diventata uno dei conflitti più letali della storia moderna.

Conclusioni

Il contesto storico della Repubblica Democratica del Congo è una storia di sfruttamento, conflitto e resilienza. Dai regni precoloniali alla brutale epoca coloniale, dal tumultuoso periodo post-indipendenza all'ascesa e alla caduta di Mobutu, la storia della RDC è segnata da una serie di eventi che hanno plasmato la realtà attuale. La comprensione di questa storia è fondamentale per capire il conflitto in corso e le sfide che attendono la RDC e il suo popolo.

Questo capitolo getta le basi per il resto del libro, fornendo il contesto necessario per esplorare gli eventi complessi e tragici che si sono verificati nella RDC negli ultimi decenni. Nei capitoli successivi, approfondiremo le guerre, i genocidi e le sofferenze umane che hanno caratterizzato la storia moderna della RDC.

Capitolo 2: La prima guerra del Congo e le sue conseguenze

La prima guerra del Congo, durata dal 1996 al 1997, è stata un conflitto che ha ridisegnato la Repubblica Democratica del Congo (RDC) e ha gettato le basi per la prolungata violenza che continua ad affliggere la regione. Questo capitolo esplora le cause, gli eventi chiave e le conseguenze della Prima guerra del Congo, nonché le sue conseguenze, che hanno gettato le basi per l'ancor più devastante Seconda guerra del Congo.

Il genocidio del Ruanda e il suo impatto

Le origini della Prima guerra del Congo possono essere fatte risalire al Genocidio del Ruanda del 1994, un evento catastrofico in cui si stima che 800.000 Tutsi e Hutu moderati siano stati massacrati dalle milizie estremiste Hutu. Il genocidio ha avuto profonde ripercussioni regionali, in particolare nella RDC, che confina con il Ruanda.

In seguito al genocidio, il Fronte Patriottico Ruandese (RPF), un gruppo di ribelli guidato dai Tutsi, ha preso il controllo del Ruanda, spingendo oltre due milioni di Hutu, compresi i membri della milizia Interahamwe responsabile di gran parte del genocidio, a fuggire nei Paesi vicini. Un numero significativo di questi rifugiati si stabilì nel Congo orientale, dove formarono una presenza formidabile nei campi profughi.

La presenza di queste milizie hutu nel Congo orientale rappresentò una seria minaccia per il nuovo governo ruandese, portando a un inasprimento delle tensioni tra il Ruanda e la RDC, allora ancora nota come Zaire. Le milizie hutu usarono i campi profughi come basi per sferrare attacchi al Ruanda, destabilizzando ulteriormente la già instabile regione.

La caduta di Mobutu e l'ascesa di Laurent-Désiré Kabila

A metà degli anni Novanta, il regime di Mobutu Sese Seko era in declino. Il suo governo pluridecennale aveva lasciato lo Zaire in uno stato di rovina economica, con corruzione dilagante, infrastrutture fatiscenti e povertà diffusa. Il governo autoritario di Mobutu era sempre più isolato sia a livello nazionale che internazionale e la sua presa sul potere si stava indebolendo.

Il deterioramento della situazione nello Zaire, unito alla presenza di milizie hutu armate nell'est del Paese, creò un ambiente favorevole al conflitto. Nel 1996, una coalizione di forze che comprendeva truppe ruandesi, ugandesi e burundesi, insieme ai ribelli congolesi guidati da Laurent-Désiré Kabila, lanciò una campagna militare per rovesciare Mobutu. Questa coalizione, nota come Alleanza delle Forze Democratiche per la Liberazione del Congo (AFDL), avanzò rapidamente in tutto il Paese.

Mobutu, già indebolito dalla malattia, non fu in grado di organizzare una difesa efficace contro l'assalto dell'AFDL. Nel maggio 1997, dopo soli sette mesi di combattimenti, l'AFDL conquistò la capitale Kinshasa e Mobutu fuggì dal Paese. Laurent-Désiré Kabila si è dichiarato nuovo presidente della Repubblica Democratica del Congo, appena rinominata.

La lotta di Kabila per consolidare il potere

L'ascesa al potere di Kabila segnò la fine del governo di Mobutu, ma non portò la pace nella RDC. Kabila ha dovuto affrontare numerose sfide nel tentativo di consolidare la sua autorità su un Paese vasto e frammentato. Il suo governo era afflitto da divisioni interne e molti dei suoi alleati, compresi quelli del Ruanda e dell'Uganda, erano sempre più disillusi dalla sua leadership.

Il rapporto di Kabila con i suoi finanziatori stranieri si è deteriorato, mentre cercava di affermare una maggiore indipendenza dal Ruanda e dall'Uganda, che avevano svolto un ruolo cruciale nel portarlo al potere. La sua decisione di espellere i consiglieri militari ruandesi dalla RDC nel 1998 ha scatenato una forte reazione, che ha portato allo scoppio della Seconda guerra del Congo.

Il governo di Kabila non è stato inoltre in grado di affrontare le questioni profonde che hanno alimentato il conflitto. Le regioni orientali della RDC sono rimaste altamente instabili, con vari gruppi armati, comprese le milizie hutu, che hanno continuato a operare impunemente. L'incapacità dello Stato di fornire sicurezza o servizi di base ai cittadini ha ulteriormente minato la legittimità di Kabila.

Le conseguenze umanitarie

La Prima guerra del Congo ha avuto conseguenze umanitarie devastanti per la popolazione della RDC. Il conflitto ha portato a sfollamenti diffusi, con centinaia di migliaia di persone che sono fuggite dalle loro case per sfuggire alla violenza. Molti di questi sfollati sono finiti in campi profughi sovraffollati e privi di risorse, dove hanno dovuto affrontare condizioni terribili, tra cui malnutrizione, malattie e mancanza di accesso all'acqua potabile.

La guerra ha anche esacerbato le tensioni etniche esistenti, soprattutto nelle regioni orientali del Paese. Il conflitto è stato caratterizzato da brutali violenze contro i civili, tra cui massacri, violenze sessuali e l'uso di bambini soldato. Queste atrocità hanno creato profonde cicatrici nelle comunità colpite, contribuendo al ciclo di violenza che sarebbe continuato negli anni a venire.

Una delle crisi umanitarie più significative di questo periodo si è verificata nei campi profughi del Congo orientale. I campi, che ospitavano centinaia di migliaia di rifugiati hutu provenienti dal Ruanda, divennero teatro di intensi combattimenti tra le forze dell'AFDL e le milizie hutu. La violenza che ne derivò portò alla morte di decine di migliaia di rifugiati, molti dei quali furono uccisi in esecuzioni di massa o morirono per fame e malattie.

La risposta internazionale

La risposta della comunità internazionale alla Prima guerra del Congo è stata in gran parte reattiva e insufficiente per affrontare la portata della crisi. Le Nazioni Unite e varie organizzazioni umanitarie hanno fornito aiuti alle popolazioni colpite, ma i loro sforzi sono stati spesso ostacolati dalla violenza in corso e dalla mancanza di accesso alle zone di conflitto.

La caduta di Mobutu e l'ascesa di Kabila sono state inizialmente accolte con cauto ottimismo da alcuni esponenti della comunità internazionale, che hanno visto nel cambio di leadership un'opportunità di riforma e stabilità per la RDC. Tuttavia, l'incapacità di Kabila di mantenere le promesse di pace e sviluppo, unita allo scoppio della Seconda guerra del Congo, ha rapidamente deluso queste speranze.

La Prima guerra del Congo ha anche evidenziato i limiti degli sforzi internazionali per il mantenimento della pace. Le Nazioni Unite, che avevano istituito una missione di pace nella RDC nel 1999 (MONUC), hanno faticato a intervenire efficacemente nel conflitto, soprattutto di fronte alle complesse e mutevoli alleanze tra le parti in conflitto.

Il percorso verso la seconda guerra del Congo
La fine della Prima guerra del Congo non ha posto fine al conflitto nella RDC. Al contrario, ha segnato l'inizio di una nuova e ancora più devastante fase di violenza. La Seconda guerra del Congo, scoppiata nel 1998, sarebbe diventata il conflitto più letale al mondo dalla Seconda guerra mondiale, causando la morte di circa cinque milioni di persone.

I semi della Seconda guerra del Congo sono stati gettati all'indomani della Prima guerra del Congo. Le questioni irrisolte di governance, le tensioni etniche e il controllo delle risorse naturali hanno continuato ad alimentare la violenza in tutto il Paese. La decisione di Kabila di prendere le distanze dai suoi ex alleati in Ruanda e Uganda ha ulteriormente esacerbato la situazione, portando a un nuovo scoppio delle ostilità.

La Seconda guerra del Congo avrebbe coinvolto diverse nazioni africane, trasformando la RDC nell'epicentro di un conflitto regionale con implicazioni di vasta portata. La guerra ha anche intensificato la crisi umanitaria nel Paese, con milioni di civili presi nel fuoco incrociato e sottoposti a sofferenze inimmaginabili.

Conclusioni

La Prima guerra del Congo è stata un momento cruciale nella storia della Repubblica Democratica del Congo. Ha segnato la fine del lungo e oppressivo governo di Mobutu, ma ha anche scatenato un'ondata di violenza e instabilità che avrebbe continuato a devastare il Paese per gli anni a venire. Le conseguenze della guerra hanno rivelato le sfide profonde che la RDC deve affrontare, tra cui l'eredità dello sfruttamento coloniale, le divisioni etniche e la lotta per il controllo delle vaste risorse naturali del Paese.

Nel prossimo capitolo analizzeremo più in dettaglio la Seconda guerra del Congo, esaminando come questo conflitto si sia evoluto in una delle guerre più letali e complesse della storia moderna. Verranno inoltre analizzate le dimensioni internazionali del conflitto e l'impatto sulla vita di milioni di congolesi che continuano a soffrire per le conseguenze di queste guerre.

Capitolo 3: La seconda guerra del Congo: un conflitto regionale con implicazioni globali

La Seconda guerra del Congo, scoppiata nel 1998, viene spesso definita "la guerra mondiale dell'Africa" a causa del coinvolgimento di più nazioni africane e della vastità del conflitto. Rimane una delle guerre più letali dalla Seconda guerra mondiale, con milioni di vite perse e innumerevoli altre colpite dalla violenza, dagli sfollamenti e dalle crisi umanitarie che ne sono derivate. Questo capitolo approfondisce le origini, la progressione e le conseguenze di vasta portata della Seconda guerra del Congo, evidenziando la complessa interazione di fattori locali, regionali e globali che hanno alimentato il conflitto.

Il preludio alla guerra

La Seconda guerra del Congo è stata, per molti versi, una continuazione della Prima guerra del Congo, con tensioni irrisolte e lotte di potere che hanno creato un ambiente fragile e volatile nella Repubblica Democratica del Congo (RDC). Laurent-Désiré Kabila, salito al potere dopo la cacciata di Mobutu Sese Seko, si è trovato rapidamente in contrasto con i suoi ex alleati, in particolare con il Ruanda e l'Uganda, che avevano svolto un ruolo cruciale nella sua ascesa al potere.

La decisione di Kabila di prendere le distanze dal Ruanda e dall'Uganda, che avevano entrambi importanti interessi militari ed economici nella RDC, ha portato a una rottura delle relazioni. Le tensioni si sono acuite quando Kabila ha espulso dal Paese i consiglieri militari ruandesi e ha cercato di affermare un maggiore controllo sulle regioni orientali, fortemente influenzate dalle forze ruandesi e ugandesi.

Nell'agosto 1998, meno di un anno dopo la fine della Prima guerra del Congo, è scoppiato un nuovo conflitto quando gruppi di ribelli sostenuti da Ruanda e Uganda hanno lanciato una rivolta armata contro il governo di Kabila. I ribelli, composti principalmente dal Rassemblement Congolais pour la Démocratie (RCD) e dal Mouvement de Libération du Congo (MLC), hanno rapidamente conquistato il controllo di ampie zone del Congo orientale, facendo precipitare il Paese in un'altra devastante guerra.

La regionalizzazione del conflitto

Una delle caratteristiche distintive della Seconda guerra del Congo è stata la sua dimensione regionale. Il conflitto coinvolse numerose nazioni africane, ognuna con i propri interessi e motivazioni. Quella che era iniziata come una ribellione contro il governo di Kabila si è rapidamente trasformata in una guerra regionale su larga scala, con diversi Paesi che sono intervenuti a sostegno o contro Kabila.

Ruanda e Uganda: Il Ruanda e l'Uganda sono stati i principali sostenitori dei gruppi ribelli che hanno combattuto contro Kabila. Entrambi i Paesi avevano interessi strategici nella RDC, in particolare nelle regioni orientali ricche di minerali. Il Ruanda cercava di neutralizzare la minaccia rappresentata dalle milizie hutu che operavano dal territorio congolese, mentre l'Uganda mirava a espandere la propria influenza e ad avere accesso alle risorse della RDC. Il coinvolgimento di questi due Paesi ha giocato un ruolo fondamentale nel sostenere la ribellione e nell'inasprire il conflitto.

Angola, Zimbabwe e Namibia: in risposta alla ribellione, Kabila ha cercato assistenza militare dai Paesi vicini. Angola, Zimbabwe e Namibia sono intervenuti a favore del governo di Kabila, inviando truppe per sostenere l'esercito congolese nella lotta contro i ribelli. Questi Paesi avevano le loro ragioni per intervenire, tra cui le preoccupazioni per la sicurezza regionale e gli interessi economici, in particolare per le vaste ricchezze minerarie della RDC.

Altre nazioni africane: La guerra ha coinvolto anche altre nazioni africane, tra cui Ciad, Sudan e Libia, complicando ulteriormente il conflitto. Il coinvolgimento di questi Paesi ha trasformato la RDC in un campo di battaglia per interessi regionali in competizione, con conseguenze devastanti per la popolazione congolese.

Il ruolo delle risorse naturali

Le vaste risorse naturali della RDC, tra cui diamanti, oro, coltan e altri minerali preziosi, hanno svolto un ruolo centrale nella Seconda guerra del Congo. Lo sfruttamento e il controllo di queste risorse sono diventati un fattore chiave del conflitto, poiché diversi gruppi armati e potenze straniere hanno cercato di trarre profitto dalle ricchezze della RDC.

Le regioni orientali della RDC, in particolare, divennero un punto focale della guerra a causa dei loro ricchi giacimenti minerari. I gruppi ribelli, sostenuti dal Ruanda e dall'Uganda, hanno stabilito il controllo delle aree minerarie e hanno utilizzato i proventi della vendita dei minerali per finanziare le loro operazioni militari. Questa "maledizione delle risorse" non solo ha alimentato la guerra, ma ha anche esacerbato la corruzione, la povertà e la violenza nelle regioni colpite.

Il coinvolgimento delle multinazionali nello sfruttamento delle risorse della RDC ha complicato ulteriormente la situazione. I rapporti sull'estrazione illegale, il contrabbando e l'uso del lavoro forzato nelle operazioni minerarie hanno attirato la condanna internazionale, ma gli sforzi per regolamentare il commercio dei minerali dei conflitti hanno tardato a concretizzarsi.

Il costo umano: Morte, sfollamento e distruzione

La Seconda guerra del Congo è stata caratterizzata da un livello di violenza e sofferenza senza precedenti. Si stima che il conflitto abbia causato la morte di circa cinque milioni di persone, rendendola una delle guerre più letali della storia. La maggior parte di queste morti non è stata causata da combattimenti diretti, ma piuttosto dalle conseguenze indirette della guerra, tra cui malattie, malnutrizione e mancanza di accesso ai servizi di base.

I civili hanno sopportato il peso maggiore della violenza, con innumerevoli atrocità commesse da tutte le parti. Massacri, violenze sessuali e l'uso di bambini-soldato sono stati dilaganti durante tutto il conflitto. L'uso sistematico dello stupro come arma di guerra ha devastato la vita di migliaia di donne e ragazze, lasciando profonde cicatrici fisiche e psicologiche che persistono ancora oggi.

La guerra ha anche innescato una massiccia crisi di sfollamento, con milioni di persone costrette a fuggire dalle loro case. I campi profughi nei Paesi vicini e i campi per sfollati all'interno della RDC erano spesso sovraffollati e privi di risorse adeguate, con conseguenti gravi crisi umanitarie. Lo sfollamento delle popolazioni ha contribuito alla diffusione di malattie come la malaria, il colera e l'HIV/AIDS, aggravando ulteriormente il bilancio umano della guerra.

La risposta della comunità internazionale

La risposta della comunità internazionale alla Seconda guerra del Congo è stata caratterizzata da un misto di sforzi diplomatici, aiuti umanitari e iniziative di mantenimento della pace, anche se questi sforzi sono stati spesso criticati perché insufficienti e mal coordinati.

- **Sforzi diplomatici**: Per risolvere il conflitto sono state intraprese diverse iniziative diplomatiche, tra cui colloqui di pace e negoziati mediati dalle Nazioni Unite (ONU) e dall'Unione Africana (UA). L'Accordo di Lusaka per il cessate il fuoco, firmato nel 1999 dalle parti in conflitto, è stato uno dei tentativi più significativi di porre fine al conflitto. Tuttavia, l'accordo è stato ripetutamente violato e i combattimenti sono continuati in molte parti del Paese.

- **Mantenimento della pace**: Le Nazioni Unite hanno istituito la Missione di Organizzazione delle Nazioni Unite nella

Repubblica Democratica del Congo (MONUC) nel 1999, con il compito di monitorare il cessate il fuoco e sostenere il processo di pace. Il mandato della MONUC è stato successivamente ampliato per includere la protezione dei civili e il disarmo dei gruppi armati. Nonostante questi sforzi, la MONUC ha dovuto affrontare sfide significative nell'attuazione del suo mandato, tra cui le risorse limitate, le vaste dimensioni del Paese e la natura complessa del conflitto.

- **Aiuto umanitario**: Le organizzazioni umanitarie internazionali hanno svolto un ruolo cruciale nel fornire aiuti alle persone colpite dalla guerra. Tuttavia, l'accesso alle zone di conflitto è stato spesso limitato a causa di problemi di sicurezza e le agenzie umanitarie hanno faticato a soddisfare le esigenze eccessive della popolazione. La portata della crisi è stata tale che anche gli sforzi più coordinati hanno potuto alleviare solo una parte delle sofferenze.

Il cammino verso la pace: L'accordo di Sun City e oltre

Dopo anni di intensi combattimenti, una svolta importante è arrivata nel 2002 con la firma dell'Accordo di Sun City, un accordo di pace che mirava a porre fine alla guerra e a istituire un governo di transizione nella RDC. L'accordo, mediato con il sostegno della comunità internazionale, ha riunito le principali parti in conflitto, tra cui il governo congolese, i gruppi ribelli e i rappresentanti della società civile.

L'accordo di Sun City ha gettato le basi per un accordo di condivisione del potere che prevedeva l'integrazione delle forze ribelli nell'esercito nazionale e l'istituzione di un governo di transizione guidato da Joseph Kabila, che era succeduto al padre, Laurent-Désiré Kabila, dopo il suo assassinio nel 2001.

Sebbene l'accordo abbia segnato un passo significativo verso la fine della guerra, non ha portato immediatamente la pace nella RDC.

Combattimenti sporadici sono continuati in alcune regioni, in particolare nell'est, dove vari gruppi armati si sono rifiutati di deporre le armi. Anche l'integrazione delle forze ribelli nell'esercito nazionale si è rivelata un processo difficile e spesso problematico, che ha portato a una continua instabilità.

L'eredità della Seconda guerra del Congo

La Seconda guerra del Congo è terminata ufficialmente nel 2003, ma la sua eredità continua a plasmare la RDC ancora oggi. Il conflitto ha lasciato profonde cicatrici nella società congolese e milioni di persone stanno ancora lottando per riprendersi dalla devastazione. La guerra ha avuto anche profonde implicazioni per la regione, destabilizzando i Paesi vicini e contribuendo ai conflitti in corso in Africa centrale.

Uno dei lasciti più significativi della guerra è la continua presenza di gruppi armati nella RDC orientale. Nonostante la fine formale della guerra, questi gruppi hanno continuato a operare, sfruttando le risorse della regione e perpetrando violenze contro i civili. La persistenza di questi gruppi ha ostacolato gli sforzi per stabilire una pace e una stabilità durature nella regione.

La guerra ha anche evidenziato il complesso rapporto tra risorse naturali e conflitti nella RDC. Lo sfruttamento delle vaste ricchezze minerarie del Paese continua a essere fonte di tensioni e violenze, con diversi attori - sia nazionali che internazionali - che cercano di trarre profitto dalle risorse della RDC a spese della popolazione.

Conclusione

La Seconda guerra del Congo è stata un capitolo tragico della storia della Repubblica Democratica del Congo, che ha causato milioni di vittime e ha lasciato un impatto duraturo sul Paese e sulla regione. La complessità del conflitto, guidato da un mix di rimostranze locali, ambizioni regionali e interessi globali, lo rende un crudo promemoria delle sfide della costruzione della pace in una nazione ricca di risorse ma profondamente divisa.

Nel prosieguo di questa esplorazione della storia della RDC, il prossimo capitolo si concentrerà sul ruolo delle risorse naturali nell'alimentare il conflitto, esaminando come la lotta per il controllo di queste risorse abbia perpetuato la violenza e l'instabilità nel Paese. Verranno inoltre analizzate le dimensioni internazionali di questa lotta, compreso il ruolo delle multinazionali e la domanda globale di minerali della RDC.

Capitolo 4: Il ruolo delle risorse naturali nell'alimentare i conflitti

La Repubblica Democratica del Congo (RDC) è spesso descritta come uno dei Paesi più ricchi al mondo in termini di risorse naturali, ma rimane uno dei più poveri in termini di sviluppo economico e benessere umano. Questo paradosso è alla base di gran parte dei conflitti che affliggono il Paese da decenni. In questo capitolo analizzeremo come la vasta ricchezza di risorse naturali della RDC, tra cui minerali, legname e petrolio, sia stata sia una maledizione che un catalizzatore di violenza. Esamineremo le dinamiche storiche e contemporanee dello sfruttamento delle risorse, il ruolo degli attori statali e non statali e l'impatto di queste attività sulla popolazione congolese.

La maledizione dell'abbondanza: Una prospettiva storica

La ricchezza di risorse naturali della RDC è stata a lungo un'arma a doppio taglio. Durante l'era coloniale, lo sfruttamento delle risorse del Paese è stata una delle motivazioni principali della brutale colonizzazione belga sotto il re Leopoldo II. L'estrazione del caucciù, dell'avorio e, più tardi, di minerali come il rame e i diamanti, fu condotta con scarso riguardo per il benessere della popolazione locale, portando a sofferenze diffuse e all'esaurimento delle ricchezze naturali del Paese.

Dopo l'indipendenza, il modello di sfruttamento è continuato sotto i regimi di Mobutu Sese Seko e dei leader successivi. Invece di essere utilizzati a beneficio del popolo congolese, i profitti delle risorse naturali del Paese sono stati sifonati dall'élite al potere e dalle multinazionali straniere, lasciando la maggior parte della popolazione in povertà. Questo saccheggio sistematico delle ricchezze del Paese ha creato profonde disuguaglianze economiche e ha contribuito a creare le condizioni che avrebbero poi alimentato il conflitto.

La ricchezza mineraria della RDC orientale

Le regioni orientali della RDC sono particolarmente ricche di minerali, tra cui oro, diamanti, stagno, tungsteno e tantalio (spesso definiti "minerali dei conflitti"). Questi minerali sono componenti fondamentali per un'ampia gamma di industrie, dall'elettronica alla gioielleria, che li rendono molto preziosi sul mercato globale.

Tuttavia, l'abbondanza di queste risorse ha anche reso il Congo orientale un campo di battaglia per diversi gruppi armati, sia nazionali che stranieri, che cercano di controllare le lucrose aree minerarie. Durante la Seconda guerra del Congo e negli anni successivi, il controllo di questi minerali è diventato un obiettivo centrale per i gruppi ribelli e gli eserciti stranieri.

- **Oro**: L'estrazione dell'oro è stata un importante fattore di conflitto nella RDC, in particolare nelle province di Ituri e Sud Kivu. I gruppi armati hanno spesso preso il controllo delle miniere d'oro, utilizzando il lavoro forzato e tattiche violente per estrarre e contrabbandare l'oro attraverso i confini. I proventi generati dal contrabbando d'oro sono stati utilizzati per finanziare le operazioni militari in corso, perpetuando il ciclo della violenza.

- **Stagno, tungsteno e tantalio (i "3T")**: Questi minerali, comunemente utilizzati nella produzione di elettronica, sono anche importanti fonti di conflitto. Il controllo delle miniere che producono i 3T è stato ferocemente conteso da varie milizie, spesso con scontri brutali e diffuse violazioni dei diritti umani. La domanda globale di questi minerali ha incentivato la continuazione della loro estrazione in

condizioni di pericolo e sfruttamento.
- **Diamanti**: Sebbene la produzione di diamanti nella RDC non sia così dominante come in Paesi come l'Angola o il Botswana, la RDC è ancora un produttore significativo. Il commercio di diamanti è stato collegato sia alla corruzione del governo sia al finanziamento di gruppi armati. In alcuni casi, i diamanti sono stati utilizzati per finanziare le attività dei ribelli, tanto che il termine "diamanti dei conflitti" è stato applicato alle pietre provenienti da alcune aree della RDC.

Il ruolo degli attori statali e non statali

Lo sfruttamento delle risorse naturali della RDC coinvolge una complessa rete di attori, tra cui funzionari statali, imprese locali e straniere, gruppi di ribelli e intermediari internazionali. Ognuno di questi attori ha svolto un ruolo nel perpetuare il conflitto e nel trarre profitto dalle ricchezze del Paese.

- **Corruzione del governo**: I governi che si sono succeduti nella RDC sono stati profondamente coinvolti nello sfruttamento illegale delle risorse naturali. La corruzione ai massimi livelli ha permesso di dirottare i proventi delle risorse dalle casse dello Stato a conti privati, sia all'interno che all'esterno del Paese. La corruzione ha indebolito le istituzioni statali, minato la governance e aggravato il conflitto, privando il governo delle risorse necessarie per mantenere la stabilità e fornire servizi alla popolazione.
- **Gruppi ribelli e milizie**: I gruppi armati hanno usato il controllo delle risorse naturali sia come mezzo per finanziare le loro operazioni sia come strumento per ottenere legittimità e potere. Questi gruppi hanno spesso operato nell'impunità, sfruttando le popolazioni locali e usando la violenza per mantenere il controllo sulle aree minerarie. La presenza di gruppi ribelli sostenuti dall'estero ha ulteriormente

complicato la situazione, poiché questi gruppi spesso fanno gli interessi dei loro patroni stranieri piuttosto che del popolo congolese.

- **Multinazionali**: Il coinvolgimento delle multinazionali nei settori delle risorse della RDC è stato fonte di controversie e conflitti. Se da un lato queste aziende hanno portato investimenti e opportunità di lavoro nel Paese, dall'altro sono state accusate di complicità in abusi dei diritti umani, degrado ambientale e corruzione. In alcuni casi, le aziende hanno sostenuto direttamente o indirettamente i gruppi armati acquistando minerali da zone di conflitto o non conducendo la due diligence sulle loro catene di approvvigionamento.
- **La catena di approvvigionamento globale**: Le risorse naturali della RDC sono integrate in catene di approvvigionamento globali che alimentano le industrie di tutto il mondo. Dai produttori di elettronica alle aziende di gioielli, molti dei prodotti consumati a livello globale contengono materiali provenienti dalla RDC. Questa domanda globale crea un forte incentivo allo sfruttamento continuo delle risorse del Paese, spesso a scapito dei diritti umani e della sostenibilità ambientale.

L'impatto sulle comunità locali

Lo sfruttamento delle risorse naturali nella RDC ha avuto conseguenze devastanti per le comunità locali. La violenza e l'instabilità associate alle attività estrattive hanno portato a sfollamenti diffusi, con milioni di persone costrette a fuggire dalle proprie case in cerca di sicurezza. L'interruzione delle attività agricole, unita alla distruzione delle infrastrutture, ha provocato insicurezza alimentare e aumento della povertà in molte regioni.

Inoltre, l'impatto ambientale dell'attività mineraria è stato grave. La deforestazione, il degrado del suolo e l'inquinamento delle acque sono stati collegati alle attività minerarie, in particolare nelle regioni orientali del Paese. Questi danni ambientali non solo minacciano i mezzi di sussistenza delle popolazioni locali, ma contribuiscono anche a danni ecologici a lungo termine che richiederanno generazioni per essere riparati.

Il costo umano dello sfruttamento delle risorse si riflette anche nella prevalenza del lavoro forzato, del lavoro minorile e di altre forme di sfruttamento nell'industria mineraria. Molti minatori lavorano in condizioni pericolose, con poca o nessuna protezione, e spesso sono pagati una frazione del valore dei minerali che estraggono. I bambini, alcuni anche di sette o otto anni, sono spesso impiegati nelle operazioni minerarie, esponendoli a gravi rischi per la salute e negando loro l'accesso all'istruzione.

Sforzi internazionali per affrontare i minerali del conflitto

La comunità internazionale ha riconosciuto il legame tra le risorse naturali e il conflitto nella RDC e ha adottato misure per affrontare la questione, in particolare nel settore dei "minerali dei conflitti". Una delle iniziative più significative in questo senso è stata l'istituzione di quadri di certificazione e due diligence volti a prevenire la vendita di minerali che finanziano i conflitti armati.

- **Il processo di Kimberley**: Il sistema di certificazione del processo di Kimberley (KPCS) è stato istituito nel 2003 per evitare che i "diamanti dei conflitti" entrino nel mercato globale. Sebbene la RDC partecipi al Processo di Kimberley, l'efficacia del sistema nel frenare il commercio di diamanti insanguinati è stata contrastante, con segnalazioni di contrabbando e corruzione.

- **La legge Dodd-Frank**: Nel 2010, gli Stati Uniti hanno approvato la legge Dodd-Frank sulla riforma di Wall Street e la protezione dei consumatori, che includeva disposizioni volte a ridurre il commercio di minerali dei conflitti. La sezione

1502 della legge impone alle aziende di dichiarare se i loro prodotti contengono minerali provenienti dalla RDC o da Paesi limitrofi e di condurre una due diligence sulle loro catene di approvvigionamento. Se da un lato la legge ha portato a una maggiore trasparenza, dall'altro è stata criticata per le sue conseguenze indesiderate, tra cui l'interruzione delle attività minerarie legittime nella RDC.

- **Linee guida OCSE sulla due diligence**: L'Organizzazione per la Cooperazione e lo Sviluppo Economico (OCSE) ha sviluppato linee guida per l'approvvigionamento responsabile di minerali provenienti da aree di conflitto e ad alto rischio. Queste linee guida forniscono un quadro di riferimento per le aziende per identificare e mitigare i rischi nelle loro catene di approvvigionamento, ma l'attuazione rimane incoerente.

La strada da percorrere: Gestione sostenibile delle risorse

Affrontare il legame tra risorse naturali e conflitti nella RDC richiede un approccio multiforme che vada oltre le misure normative. La gestione sostenibile delle risorse, il miglioramento della governance e l'empowerment delle comunità locali sono tutti elementi fondamentali per una soluzione a lungo termine.

- **Rafforzare la governance**: Costruire istituzioni forti, trasparenti e responsabili è essenziale per gestire le risorse naturali della RDC in modo vantaggioso per la popolazione. Ciò include la lotta alla corruzione, la garanzia che i proventi delle risorse siano raccolti e assegnati correttamente e la promozione dello Stato di diritto nelle regioni ricche di risorse.
- **Coinvolgimento delle comunità**: Le comunità locali devono essere in prima linea negli sforzi per la gestione delle risorse naturali. Ciò include il riconoscimento e la tutela dei diritti delle popolazioni indigene, la garanzia che le comunità

abbiano voce in capitolo sulle modalità di sviluppo delle risorse e l'assegnazione di una quota equa dei benefici.
- **Promuovere la trasparenza**: La trasparenza nel settore delle risorse è fondamentale per prevenire la corruzione e garantire che le entrate siano utilizzate per il bene pubblico. Iniziative come l'Iniziativa per la trasparenza delle industrie estrattive (EITI) mirano a promuovere l'apertura nella gestione delle risorse naturali, ma il loro successo dipende dall'impegno dei governi e delle imprese.
- **Sostenere mezzi di sussistenza alternativi**: Ridurre la dipendenza delle popolazioni locali dall'attività mineraria è importante anche per spezzare il ciclo del conflitto. Questo obiettivo può essere raggiunto sostenendo mezzi di sussistenza alternativi, come l'agricoltura, e investendo nell'istruzione e nelle infrastrutture per creare nuove opportunità economiche.

Conclusioni

Le risorse naturali della RDC sono sia una benedizione che una maledizione. Se da un lato hanno il potenziale per favorire lo sviluppo economico e migliorare la vita di milioni di persone, dall'altro hanno alimentato alcuni dei conflitti più devastanti della storia moderna. Affrontare il complesso rapporto tra risorse e conflitti nella RDC richiede uno sforzo globale e sostenuto che coinvolga gli attori locali, nazionali e internazionali.

Nel prossimo capitolo, rivolgeremo la nostra attenzione al costo umano del conflitto nella RDC, concentrandoci sul genocidio, sui crimini di guerra e sui crimini contro l'umanità che si sono verificati durante il prolungato periodo di instabilità del Paese. Esamineremo l'impatto di queste atrocità sul popolo congolese e le sfide della ricerca di giustizia e responsabilità all'indomani di una violenza così diffusa.

Capitolo 5: Il costo umano: Genocidio, crimini di guerra e crimini contro l'umanità

La Repubblica Democratica del Congo (RDC) è stata teatro di alcune delle più gravi violazioni dei diritti umani nella storia moderna. Il conflitto, alimentato da una complessa rete di fattori politici, etnici ed economici, ha provocato una sconcertante perdita di vite umane e la diffusa perpetrazione di atrocità. Questo capitolo analizza il costo umano del conflitto nella RDC, concentrandosi sul genocidio, sui crimini di guerra e sui crimini contro l'umanità che si sono verificati negli ultimi decenni. Analizzeremo la natura di queste atrocità, il loro impatto sulla popolazione congolese e le sfide in corso per ottenere giustizia e responsabilità.

Il genocidio nel Congo orientale

Sebbene il termine "genocidio" sia più comunemente associato al genocidio ruandese del 1994, anche il conflitto nella RDC orientale ha visto atti che soddisfano la definizione di genocidio. La violenza in questa regione ha spesso assunto una dimensione etnica, con alcuni gruppi presi di mira per lo sterminio o il trasferimento forzato in base alla loro etnia.

Uno dei casi più significativi di genocidio nella RDC si è verificato durante la prima e la seconda guerra del Congo, quando vari gruppi armati, compresi quelli sostenuti da potenze straniere, hanno intrapreso campagne sistematiche di pulizia etnica. In particolare, le milizie hutu fuggite dal Ruanda dopo il genocidio sono state responsabili di numerosi massacri contro i tutsi e altri gruppi etnici nel Congo orientale.

- **I massacri nell'Ituri:** il conflitto nell'Ituri, scoppiato all'inizio degli anni 2000, è uno degli esempi più noti di violenza etnica nella RDC. Il conflitto ha contrapposto le comunità Hema e Lendu in una guerra brutale che ha visto massacri diffusi, stupri e la distruzione di interi villaggi. Si stima che circa 60.000 persone siano state uccise nel conflitto dell'Ituri e molte altre sfollate. La violenza nell'Ituri è stata definita un genocidio a causa dell'individuazione sistematica di gruppi etnici da sterminare.
- **I Banyamulenge**, una comunità tutsi del Sud Kivu, sono stati oggetto di ripetuti attacchi e campagne di pulizia etnica da parte di vari gruppi armati. Questi attacchi hanno incluso massacri, sfollamenti forzati e distruzione di case e mezzi di sussistenza. I Banyamulenge sono stati presi di mira non solo per la loro etnia, ma anche per la loro presunta associazione con il governo ruandese.

La violenza genocida nella RDC orientale ha lasciato profonde cicatrici nelle comunità colpite, contribuendo a un ciclo di ritorsioni e ulteriori violenze. Il trauma di questi eventi continua a colpire i sopravvissuti, molti dei quali sono rimasti senza giustizia o riconoscimento delle loro sofferenze.

Crimini di guerra e crimini contro l'umanità

Oltre al genocidio, il conflitto nella RDC è stato segnato da diffusi crimini di guerra e crimini contro l'umanità. Queste atrocità sono state commesse da tutte le parti in conflitto, comprese le forze governative, i gruppi ribelli e i militari stranieri. L'ampiezza e la brutalità di questi crimini hanno sconvolto il mondo, ma le responsabilità rimangono elusive.

- **Massacri e uccisioni extragiudiziali**: I massacri sono stati una caratteristica comune del conflitto nella RDC. Sia le forze governative che i gruppi ribelli sono stati impegnati nell'uccisione indiscriminata di civili, spesso come mezzo per terrorizzare le popolazioni ed esercitare il controllo sul territorio. Anche le esecuzioni extragiudiziali, in cui gli individui vengono giustiziati senza processo o giusto processo, sono state diffuse, in particolare nelle aree sotto il controllo dei gruppi armati.
- **Violenza sessuale come arma di guerra**: uno degli aspetti più terribili del conflitto nella RDC è stato l'uso sistematico della violenza sessuale come arma di guerra. Lo stupro e altre forme di violenza sessuale sono state usate dai gruppi armati per terrorizzare le comunità, umiliare le vittime ed esercitare il controllo sulle popolazioni. Le donne e le ragazze sono state il bersaglio principale di questa violenza, sebbene anche uomini e ragazzi siano stati vittime. La portata della violenza sessuale nella RDC è sconcertante: secondo alcune stime, centinaia di migliaia di donne e ragazze sono state violentate durante il conflitto.
- **L'uso di bambini soldato**: Il reclutamento e l'uso di bambini soldato sono stati molto diffusi nella RDC. Sia le forze governative che i gruppi ribelli hanno reclutato con la forza bambini, alcuni anche di otto anni, per servire come soldati, portatori e schiavi sessuali. Questi bambini sono stati sottoposti a regimi di addestramento brutali, costretti a commettere atrocità e spesso drogati per addormentare gli orrori della guerra. L'uso di bambini soldato è una grave violazione del diritto internazionale e ha lasciato traumi duraturi nei bambini coinvolti.
- **Sfollamenti forzati e crisi umanitarie**: Il conflitto nella RDC ha portato a sfollamenti forzati di massa, con milioni

di persone che sono fuggite dalle loro case per sfuggire alla violenza. Le popolazioni sfollate finiscono spesso in campi profughi o sfollati interni sovraffollati e con scarse risorse, dove devono affrontare condizioni di vita disastrose, malattie e mancanza di accesso ai servizi di base. La crisi degli sfollati nella RDC ha portato anche a gravi sfide umanitarie, con le organizzazioni umanitarie che faticano a soddisfare le esigenze delle popolazioni colpite.

L'impatto su donne e bambini

Il conflitto nella RDC ha avuto un impatto particolarmente devastante su donne e bambini, che sono spesso i più vulnerabili in tempi di guerra. Le donne e le ragazze sono state colpite in modo sproporzionato dalla violenza sessuale, mentre i bambini sono stati presi di mira per essere reclutati come soldati o sono rimasti orfani a causa del conflitto.

- **Violenza sessuale e sue conseguenze**: L'uso della violenza sessuale nella RDC ha avuto conseguenze a lungo termine per i sopravvissuti e le loro comunità. Molte sopravvissute allo stupro devono affrontare lo stigma e l'ostracismo da parte delle loro famiglie e comunità, aggravando il loro trauma. Inoltre, la mancanza di cure mediche adeguate fa sì che molte sopravvissute soffrano di lesioni fisiche e psicologiche non curate, tra cui infezioni sessualmente trasmissibili e fistole. L'impatto della violenza sessuale si estende oltre l'individuo, colpendo intere comunità e perpetuando cicli di traumi, povertà e instabilità.

- **La condizione dei bambini soldato**: I bambini reclutati come soldati nella RDC sono stati privati della loro infanzia e sottoposti a orrori inimmaginabili. Molti sono stati costretti a uccidere, spesso desensibilizzati dalla violenza o dall'uso di droghe. Coloro che riescono a fuggire o vengono salvati dai gruppi armati devono affrontare sfide significative per reintegrarsi nella società. Il trauma delle loro esperienze, unito allo stigma di essere stati bambini soldato, rende difficile il reinserimento. I programmi di riabilitazione, pur essendo essenziali, sono spesso sottofinanziati e non in grado di soddisfare le esigenze di tutti i bambini coinvolti.

Le sfide della giustizia e della responsabilità
Ottenere giustizia e responsabilità per le atrocità commesse nella RDC è stata una sfida enorme. L'entità dei crimini, la continua instabilità della regione e il coinvolgimento di molteplici attori rendono il perseguimento della giustizia un compito complesso e scoraggiante.

- **Il ruolo della Corte penale internazionale (CPI)**: La Corte penale internazionale è stata coinvolta negli sforzi per assicurare alla giustizia gli autori di crimini di guerra e contro l'umanità nella RDC. Diversi casi di alto profilo sono stati portati davanti alla CPI, tra cui quelli di Thomas Lubanga, Bosco Ntaganda e Germain Katanga, tutti condannati per crimini di guerra e contro l'umanità. Sebbene queste condanne rappresentino un passo importante verso la giustizia, molti altri responsabili rimangono in libertà e la capacità della CPI di affrontare l'intera portata dei crimini commessi nella RDC è limitata.
- **Meccanismi di giustizia nazionali**: Anche il sistema giudiziario congolese ha faticato ad affrontare i crimini commessi durante il conflitto. Il sistema è afflitto da corruzione, mancanza di risorse e interferenze politiche, che rendono difficile perseguire i responsabili delle atrocità. In alcuni casi, gli autori dei crimini sono stati integrati nell'esercito o nel governo nazionale, complicando ulteriormente gli sforzi per ritenerli responsabili.

- **Verità e riconciliazione:** Oltre ai procedimenti penali, sono stati richiesti processi di verità e riconciliazione per affrontare l'eredità della violenza nella RDC. Questi sforzi mirano a fornire una piattaforma alle vittime per condividere le loro esperienze, promuovere la guarigione e stabilire una documentazione storica delle atrocità commesse. Tuttavia, tali processi richiedono volontà politica, risorse e un impegno per la verità e la giustizia che spesso è mancato nella RDC.

Il ruolo della comunità internazionale

La comunità internazionale ha un ruolo fondamentale da svolgere nel sostenere la giustizia e la responsabilità nella RDC. Ciò include la fornitura di supporto tecnico e finanziario al sistema giudiziario congolese, il sostegno agli sforzi della Corte penale internazionale e la promozione della tutela dei diritti umani nella regione. Tuttavia, la risposta internazionale è stata spesso incoerente, con periodi di intensa attenzione seguiti da abbandono quando l'attenzione globale si sposta altrove.

Le organizzazioni umanitarie e le ONG sono state determinanti nel documentare le violazioni dei diritti umani, nel fornire sostegno ai sopravvissuti e nel patrocinare la giustizia. Queste organizzazioni hanno anche lavorato per sensibilizzare l'opinione pubblica sulla situazione nella RDC e per mobilitare il sostegno internazionale alle iniziative di responsabilità.

Conclusione

Il costo umano del conflitto nella RDC è impressionante. Genocidio, crimini di guerra e crimini contro l'umanità hanno lasciato profonde cicatrici nella popolazione congolese, con milioni di vite perse o irrimediabilmente cambiate. Ottenere giustizia e responsabilità per questi crimini è essenziale per la guarigione della nazione e la prevenzione di violenze future.

Nel prossimo capitolo analizzeremo la risposta internazionale al conflitto nella RDC, concentrandoci sul ruolo delle Nazioni Unite e di altri attori globali nel mantenimento della pace, negli aiuti umanitari e negli sforzi per trovare una soluzione duratura al conflitto. Esamineremo i successi e i fallimenti di questi sforzi, nonché le sfide che rimangono per raggiungere la pace e la stabilità nella RDC.

Capitolo 6: La risposta internazionale e il ruolo delle Nazioni Unite

La risposta internazionale al conflitto nella Repubblica Democratica del Congo (RDC) è stata multiforme, coinvolgendo sforzi di mantenimento della pace, aiuti umanitari, interventi diplomatici e tentativi di ottenere giustizia e responsabilità. Le Nazioni Unite (ONU), così come altri attori globali e regionali, hanno svolto un ruolo centrale in questi sforzi. Tuttavia, la complessità del conflitto, unita alla vastità del territorio della RDC e al numero di attori coinvolti, ha reso il raggiungimento di una pace duratura una sfida formidabile. Questo capitolo analizza la risposta della comunità internazionale al conflitto nella RDC, concentrandosi sui successi, i fallimenti e le sfide in corso affrontate dalle Nazioni Unite e da altri attori chiave.

Il ruolo delle Nazioni Unite nella RDC

Le Nazioni Unite sono state profondamente coinvolte nella RDC per decenni, con un ruolo che si è evoluto di pari passo con la natura del conflitto. Il coinvolgimento delle Nazioni Unite ha incluso missioni di mantenimento della pace, assistenza umanitaria e sostegno ai processi democratici e ai diritti umani.

- **MONUC: La prima missione di mantenimento della pace**: L'ONU ha stabilito per la prima volta una presenza di pace nella RDC nel 1999, con la creazione della Missione di Organizzazione delle Nazioni Unite nella Repubblica Democratica del Congo (MONUC). Il mandato iniziale della

MONUC era quello di monitorare il cessate il fuoco dopo la firma dell'Accordo di Lusaka per il cessate il fuoco, che doveva porre fine alla Seconda guerra del Congo. Tuttavia, il mandato della MONUC si è rapidamente ampliato per includere la protezione dei civili, il disarmo e la smobilitazione dei combattenti e il sostegno al processo di transizione politica.

Al suo apice, la MONUC è stata una delle missioni di pace più grandi e complesse della storia delle Nazioni Unite, con decine di migliaia di personale militare e civile dispiegato in tutto il Paese. La missione ha dovuto affrontare sfide significative, tra cui la vastità della RDC, la molteplicità dei gruppi armati e la continua instabilità delle regioni orientali. Nonostante queste sfide, la MONUC ha svolto un ruolo cruciale nella stabilizzazione di alcune parti del Paese, facilitando il disarmo di alcuni gruppi ribelli e sostenendo il processo elettorale che ha portato all'elezione di Joseph Kabila nel 2006.

- **MONUSCO: La missione successiva**: Nel 2010, la MONUC è stata ristrutturata e rinominata Missione di stabilizzazione dell'Organizzazione delle Nazioni Unite nella Repubblica Democratica del Congo (MONUSCO). Questa nuova missione è stata incaricata di continuare il lavoro della MONUC, con particolare attenzione alla protezione dei civili e al sostegno del governo congolese nell'istituzione dell'autorità statale in tutto il Paese. Il mandato della MONUSCO è stato ripetutamente rinnovato e adattato per rispondere alle mutevoli dinamiche del conflitto.

Uno degli sviluppi più significativi nell'ambito della MONUSCO è stata la creazione della Brigata di intervento della Forza (FIB) nel 2013. La FIB, un'unità specializzata all'interno della MONUSCO, è stata autorizzata a condurre operazioni offensive contro i gruppi armati nella RDC orientale, segnando un allontanamento dal tradizionale ruolo di mantenimento della pace delle Nazioni Unite. Il dispiegamento della FIB ha portato alla sconfitta del gruppo ribelle M23, un risultato importante per la MONUSCO, ma la persistenza di altri gruppi armati continua a porre sfide significative.

- **Sfide e critiche**: Nonostante i risultati ottenuti, la MONUSCO ha dovuto affrontare notevoli critiche nel corso degli anni. La missione è stata accusata di non aver protetto adeguatamente i civili, in particolare nelle aree più remote e a rischio di conflitto. Ci sono state anche accuse di sfruttamento e abuso sessuale da parte delle forze di pace delle Nazioni Unite, che hanno danneggiato la credibilità della missione e minato la fiducia delle comunità locali.

Anche le sfide logistiche e operative affrontate dalla MONUSCO sono state significative. Il vasto e difficile territorio della RDC, unito al gran numero di gruppi armati che operano nel Paese, ha reso difficile per la MONUSCO svolgere efficacemente il proprio mandato. Inoltre, la dipendenza della missione da un numero limitato di Paesi contributori di truppe e la natura spesso lenta e burocratica delle operazioni delle Nazioni Unite hanno ostacolato la sua efficacia.

Assistenza umanitaria e sfide

Oltre al mantenimento della pace, la comunità internazionale è stata fortemente coinvolta nel fornire assistenza umanitaria alla RDC. Il conflitto ha provocato una delle crisi umanitarie più grandi e prolungate del mondo, con milioni di persone che hanno bisogno di aiuto.

- **Organizzazioni umanitarie**: Numerose organizzazioni umanitarie internazionali, tra cui la Croce Rossa Internazionale, Medici senza frontiere (MSF) e varie agenzie delle Nazioni Unite come il Programma alimentare mondiale (PAM) e l'Alto Commissariato delle Nazioni Unite per i rifugiati (UNHCR), sono state attive nella RDC. Queste organizzazioni forniscono una serie di servizi, tra cui aiuti alimentari, assistenza medica, alloggi e protezione per le popolazioni sfollate.

- **Sfide all'accesso umanitario**: Le organizzazioni umanitarie che operano nella RDC devono affrontare sfide significative, tra cui l'insicurezza, le difficoltà logistiche e la carenza di fondi. La presenza di gruppi armati, soprattutto nelle regioni orientali, rende spesso pericoloso per gli operatori umanitari raggiungere i bisognosi. Gli attacchi ai convogli umanitari, i saccheggi delle forniture e gli attacchi agli operatori umanitari hanno ulteriormente complicato gli sforzi per fornire assistenza.

Inoltre, la portata della crisi ha spesso superato le risorse disponibili. Nonostante gli sforzi della comunità internazionale, i finanziamenti per le operazioni umanitarie nella RDC sono stati spesso inferiori alle necessità, lasciando molte persone senza un sostegno adeguato. La natura prolungata del conflitto ha portato anche a una stanchezza dei donatori, con la RDC che compete per l'attenzione e le risorse con altre crisi globali.

Sforzi diplomatici e processi di pace

La comunità internazionale è stata coinvolta anche in sforzi diplomatici per trovare una soluzione al conflitto nella RDC. Questi sforzi hanno incluso negoziati di pace, l'imposizione di sanzioni e il sostegno a processi politici volti a stabilizzare il Paese.

- **L'Accordo di Lusaka per il cessate il fuoco**: L'Accordo di Lusaka per il cessate il fuoco, firmato nel 1999, è stato uno dei primi importanti sforzi diplomatici per porre fine alla Seconda guerra del Congo. L'accordo, mediato dalla Comunità per lo sviluppo dell'Africa australe (SADC) con il sostegno delle Nazioni Unite e di altri attori internazionali, prevedeva un cessate il fuoco, il ritiro delle truppe straniere e il disarmo dei gruppi ribelli. Sebbene l'accordo abbia posto le basi per il dispiegamento della MONUC, la sua attuazione non è stata uniforme e i combattimenti sono continuati in molte parti del Paese.

- **L'Accordo di Sun City**: Nel 2002, l'Accordo di Sun City è stato firmato nell'ambito del Dialogo intercongolese, un processo di pace volto a porre fine al conflitto e a istituire un governo di transizione nella RDC. L'accordo ha riunito rappresentanti del governo congolese, dei gruppi ribelli, dell'opposizione politica e della società civile. Ha portato alla formazione di un governo di transizione, che prevedeva accordi di condivisione del potere tra le varie fazioni.

Sebbene l'accordo di Sun City sia stato un passo significativo verso la pace, non ha affrontato completamente le questioni alla base del conflitto e la violenza è continuata in alcune regioni, soprattutto nella parte orientale. Tuttavia, l'accordo ha aperto la strada alle prime elezioni democratiche nella RDC in oltre 40 anni, che si sono tenute nel 2006.

Sforzi diplomatici in corso: Gli sforzi diplomatici per risolvere il conflitto nella RDC sono proseguiti, con diversi gradi di successo. Organizzazioni regionali come l'Unione Africana (UA) e la Conferenza Internazionale sulla Regione dei Grandi Laghi (ICGLR) hanno svolto un ruolo importante nel facilitare il dialogo e mediare le dispute. Tuttavia, il coinvolgimento dei Paesi vicini nel conflitto e le profonde rimostranze dei vari gruppi etnici e politici hanno reso difficile il raggiungimento di una pace duratura.

Il ruolo della giustizia internazionale

I meccanismi di giustizia internazionale sono stati una componente fondamentale della risposta internazionale al conflitto nella RDC. La ricerca di responsabilità per crimini di guerra, crimini contro l'umanità e genocidio è stata considerata essenziale per promuovere la pace e la riconciliazione nel Paese.

- **La Corte penale internazionale (CPI)**: La CPI è stata coinvolta nel perseguimento di individui responsabili di alcuni dei crimini più gravi commessi durante il conflitto nella RDC. La Corte ha emesso mandati di arresto per diverse figure di alto profilo, tra cui signori della guerra e leader politici. Come accennato nel capitolo precedente, tra i casi più importanti ci sono quelli di Thomas Lubanga, Bosco Ntaganda e Germain Katanga.

Se da un lato il lavoro della CPI nella RDC è stato un passo importante verso la giustizia, dall'altro ha dovuto affrontare delle critiche. Alcuni sostengono che l'attenzione della Corte su alcuni casi di alto profilo abbia lasciato molte vittime senza un senso di giustizia. Inoltre, la dipendenza della CPI dalla cooperazione dei governi nazionali e le sue risorse limitate hanno limitato la sua capacità di affrontare l'intera portata dei crimini commessi nella RDC.

- **Sforzi giudiziari nazionali**: Anche il sistema giudiziario congolese ha tentato di perseguire i responsabili delle atrocità, spesso con il sostegno di donatori e organizzazioni internazionali. Tuttavia, il sistema è afflitto da problemi, tra cui la corruzione, la mancanza di risorse e le interferenze politiche. Gli sforzi per rafforzare la capacità del sistema giudiziario congolese, compresa l'istituzione di tribunali specializzati in crimini di guerra, sono in corso ma tardano a dare i loro frutti.

Le sfide della costruzione della pace e della ricostruzione

Nonostante gli sforzi della comunità internazionale, raggiungere una pace e una stabilità durature nella RDC rimane un compito arduo.

Le vaste dimensioni del Paese, la natura radicata del conflitto e il coinvolgimento di numerosi attori rendono la costruzione della pace una sfida complessa e continua.

- **Ricostruire le istituzioni statali:** Una delle sfide principali nella RDC è la ricostruzione delle istituzioni statali che sono state indebolite o distrutte da decenni di conflitto. Una governance efficace, lo Stato di diritto e la fornitura di servizi di base sono essenziali per il mantenimento della pace, ma in molte parti del Paese sono ancora assenti. La corruzione, l'instabilità politica e la continua presenza di gruppi armati minano gli sforzi per rafforzare lo Stato.
- **Sviluppo economico e riduzione della povertà:** Affrontare le cause economiche del conflitto è fondamentale per una pace a lungo termine. Le vaste risorse naturali della RDC hanno il potenziale per favorire lo sviluppo, ma sono state spesso fonte di conflitto. Promuovere una crescita economica sostenibile e inclusiva, ridurre la povertà e garantire che i benefici della ricchezza delle risorse siano condivisi equamente sono tutte componenti essenziali della costruzione della pace.
- **Riconciliazione e coesione sociale:** La riconciliazione e la ricostruzione della coesione sociale sono fondamentali per curare le ferite del conflitto. Ciò implica non solo affrontare le rimostranze di coloro che sono stati colpiti dalla violenza, ma anche promuovere il dialogo e la comprensione tra le diverse comunità. Sono stati proposti sforzi per promuovere la riconciliazione, comprese le commissioni per la verità e la riconciliazione, ma richiedono una forte volontà politica e il sostegno di tutti i settori della società.

Conclusioni

La risposta internazionale al conflitto nella RDC è stata ampia e ha coinvolto una vasta gamma di attori e approcci. Nonostante i successi ottenuti, tra cui la stabilizzazione di alcune regioni e il perseguimento dei criminali di guerra, permangono sfide significative. Il cammino della RDC verso la pace è irto di ostacoli, tra cui la continua presenza di gruppi armati, la debolezza delle istituzioni statali e le profonde cicatrici lasciate da decenni di violenza.

Nel prossimo capitolo esamineremo l'impatto specifico del conflitto sulle donne e sui bambini della RDC, concentrandoci sulle loro esperienze come vittime di violenza e sfruttamento, nonché sul loro ruolo di sopravvissuti e agenti del cambiamento. Analizzeremo il modo in cui le donne e i bambini sono stati presi di mira e hanno saputo resistere al conflitto, e quali sforzi si stanno compiendo per sostenere il loro recupero e la loro emancipazione.

Capitolo 7: La condizione di donne e bambini: Vittime di violenza e sfruttamento

Il conflitto nella Repubblica Democratica del Congo (RDC) ha avuto un impatto devastante su tutti i settori della società, ma le donne e i bambini hanno sopportato un fardello particolarmente pesante. Essendo i membri più vulnerabili della società, sono stati colpiti in modo sproporzionato da violenza, sfruttamento e sfollamento. Questo capitolo esplora le sfide specifiche affrontate da donne e bambini nella RDC durante il conflitto, evidenziando le loro esperienze come vittime di crimini di guerra e altre atrocità, nonché la loro notevole capacità di recupero e gli sforzi compiuti per sostenere il loro recupero e la loro emancipazione.

L'uso sistematico della violenza sessuale

La violenza sessuale è stata uno degli aspetti più pervasivi e terribili del conflitto nella RDC. Lo stupro e altre forme di violenza sessuale sono state usate sistematicamente come armi da guerra, allo scopo di terrorizzare e destabilizzare le comunità, umiliare le vittime ed esercitare il controllo sulle popolazioni. La portata della violenza sessuale nella RDC è sconcertante: secondo alcune stime, centinaia di migliaia di donne e ragazze sono state violentate durante il conflitto.

- **Modelli di violenza sessuale**: La violenza sessuale nella RDC ha assunto molte forme, tra cui lo stupro di gruppo, la schiavitù sessuale e la mutilazione degli organi sessuali. Questi crimini sono stati commessi da tutte le parti in conflitto, comprese le forze governative, i gruppi ribelli e le milizie straniere. In molti casi, la violenza sessuale è stata usata come strumento di pulizia etnica, con autori che hanno preso di mira donne e ragazze appartenenti a specifici gruppi etnici.

- **Impatto sulle vittime**: L'impatto fisico e psicologico della violenza sessuale sulle vittime è profondo. Molte sopravvissute soffrono di problemi di salute a lungo termine, tra cui infezioni sessualmente trasmissibili, lesioni traumatiche e complicazioni dovute ad aborti non sicuri. Il trauma psicologico dello stupro può portare a depressione, ansia, disturbo post-traumatico da stress (PTSD) e pensieri suicidi. Inoltre, le sopravvissute devono spesso affrontare lo stigma e il rifiuto da parte delle loro famiglie e comunità, aggravando la loro sofferenza e il loro isolamento.
- **Sfide nella ricerca di giustizia**: Nonostante la diffusa diffusione della violenza sessuale, ottenere giustizia per i sopravvissuti è stato estremamente difficile. Il sistema giudiziario congolese è spesso inadeguato a gestire i casi di violenza sessuale e molte vittime incontrano notevoli ostacoli nell'accesso alla giustizia. Queste barriere includono la corruzione, la mancanza di rappresentanza legale, la paura di rappresaglie e lo stigma sociale associato alla violenza sessuale. Sebbene siano stati compiuti alcuni sforzi per ritenere i responsabili responsabili, anche attraverso il lavoro della Corte penale internazionale (CPI) e dei tribunali specializzati nella RDC, l'impunità rimane un problema significativo.

Sfruttamento e abuso dei bambini

Anche i bambini sono stati tra i gruppi più vulnerabili e sfruttati nella RDC durante il conflitto. La guerra ha colpito i bambini in molti modi, dal loro reclutamento come bambini soldato al loro sfruttamento nel lavoro forzato e nella schiavitù sessuale.

- **Bambini soldato**: Il reclutamento e l'uso di bambini soldato sono stati diffusi nella RDC, con le forze governative e i gruppi ribelli che hanno arruolato con la forza bambini per servire come combattenti, portatori, messaggeri e schiavi sessuali. Molti di questi bambini sono stati esposti a violenze estreme, spesso costretti a commettere loro stessi atrocità. Il trauma di queste esperienze lascia profonde cicatrici psicologiche che possono durare tutta la vita. Gli sforzi per smobilitare e reintegrare i bambini soldato sono in corso, ma le sfide sono immense, tra cui la necessità di supporto psicologico, istruzione e opportunità per un futuro stabile.
- **Lavoro forzato e sfruttamento sessuale**: Oltre a essere reclutati come soldati, molti bambini nella RDC sono stati sottoposti a lavoro forzato e sfruttamento sessuale. I bambini sono stati costretti a lavorare nelle miniere, dove devono affrontare condizioni pericolose e sfruttamento. Le ragazze, in particolare, sono state prese di mira per la schiavitù sessuale e alcune sono state tenute prigioniere dai gruppi armati o trafficate oltre confine. Lo sfruttamento dei bambini in questi modi non solo viola i loro diritti, ma li priva anche della loro infanzia e del loro potenziale per un futuro migliore.
- **Interruzione dell'istruzione**: Il conflitto ha anche interrotto gravemente l'istruzione per milioni di bambini nella RDC. Le scuole sono state distrutte o occupate dai gruppi armati e molti bambini sono stati costretti a fuggire dalle loro case, senza avere accesso all'istruzione. La mancanza di istruzione non solo limita le opportunità dei bambini, ma perpetua anche i cicli di povertà e violenza, poiché i bambini non istruiti hanno maggiori probabilità di essere reclutati dai gruppi armati o costretti allo sfruttamento del lavoro.

La resilienza e il ruolo delle donne

Nonostante le enormi sfide che devono affrontare, le donne della RDC hanno dimostrato una notevole capacità di recupero e forza di fronte al conflitto. Molte donne hanno assunto ruoli di leadership nelle loro comunità, sostenendo la pace, la giustizia e i diritti di donne e bambini. Il loro contributo è fondamentale per la ripresa e la ricostruzione delle loro comunità e del Paese nel suo complesso.

- **Organizzazioni per i diritti delle donne**: Nella RDC sono sorte numerose organizzazioni per i diritti delle donne, che lavorano per sostenere le sopravvissute alla violenza sessuale, promuovere l'uguaglianza di genere e difendere i diritti delle donne. Queste organizzazioni forniscono servizi cruciali, tra cui cure mediche, supporto psicologico, assistenza legale e programmi di empowerment economico. Svolgono inoltre un ruolo fondamentale nella sensibilizzazione sulle problematiche delle donne e nella promozione di cambiamenti politici a livello nazionale e internazionale.
- **Empowerment economico**: L'emancipazione economica è un aspetto critico del sostegno alle donne nella RDC. Molte donne sono rimaste vedove o sono state sfollate a causa del conflitto, rimanendo le uniche a provvedere al sostentamento delle loro famiglie. I programmi di emancipazione economica, tra cui la formazione professionale, la microfinanza e il sostegno alle piccole imprese, aiutano le donne a raggiungere l'indipendenza finanziaria e a ricostruirsi una vita. Questi programmi contribuiscono anche alla più ampia ripresa delle comunità, promuovendo la stabilità economica e la resilienza.
- **Difesa della pace e della giustizia**: Le donne sono state in prima linea nella difesa della pace e della giustizia nella RDC. Hanno svolto ruoli chiave nelle iniziative di costruzione della pace, tra cui la partecipazione ai negoziati di pace, la mediazione dei conflitti a livello locale e la guida degli sforzi

di riconciliazione delle comunità. L'attività di advocacy delle donne è stata fondamentale anche per sollecitare riforme giuridiche e politiche volte a proteggere i diritti delle donne e ad affrontare le cause profonde della violenza e della disuguaglianza.

Il ruolo della comunità internazionale nel sostegno a donne e bambini

La comunità internazionale ha riconosciuto la necessità di sostenere le donne e i bambini nella RDC e ha preso provvedimenti per rispondere alle loro esigenze specifiche. Tuttavia, questi sforzi devono essere sostenuti e ampliati per affrontare efficacemente le sfide sul campo.

Programmi di aiuto e sostegno internazionali: Le agenzie di aiuto internazionali e le ONG sono state determinanti nel fornire sostegno alle donne e ai bambini colpiti dal conflitto. Ciò include il finanziamento di programmi di assistenza sanitaria, istruzione e protezione, nonché il sostegno alle organizzazioni femminili locali. Tuttavia, la portata della crisi spesso supera le risorse disponibili e le carenze di fondi possono limitare la portata e l'efficacia di questi programmi.

- **Avvocatura e politica**: Le organizzazioni internazionali hanno svolto un ruolo fondamentale nella promozione di maggiori tutele legali per le donne e i bambini nella RDC. Ciò include la pressione per l'attuazione degli standard internazionali sui diritti umani, il sostegno alle riforme legali a livello nazionale e la fornitura di assistenza tecnica per rafforzare la capacità del sistema giudiziario congolese di affrontare i crimini contro donne e bambini.
- **Affrontare le cause profonde della violenza**: Oltre agli aiuti e al sostegno immediati, la comunità internazionale ha la responsabilità di affrontare le cause profonde della violenza

e dello sfruttamento di cui sono vittime donne e bambini nella RDC. Ciò significa affrontare le questioni di fondo della povertà, della disuguaglianza e della governance che contribuiscono alla vulnerabilità di donne e bambini. I programmi di sviluppo a lungo termine, il sostegno al buon governo e gli sforzi per promuovere la pace e la sicurezza sono tutti componenti essenziali di una risposta globale alle sfide che le donne e i bambini devono affrontare nella RDC.

Conclusioni

La condizione di donne e bambini nella RDC è uno degli aspetti più tragici del conflitto. L'uso sistematico della violenza sessuale, lo sfruttamento dei bambini e l'interruzione dell'istruzione e dei mezzi di sussistenza hanno lasciato profonde cicatrici nella popolazione congolese. Tuttavia, la resilienza e la forza di donne e bambini di fronte a queste sfide sono altrettanto notevoli. Non sono solo vittime, ma anche sopravvissuti e agenti del cambiamento, svolgendo un ruolo vitale nella ripresa e nella ricostruzione delle loro comunità.

Nel prossimo capitolo, esamineremo il ruolo degli attori non statali e dei gruppi ribelli nel conflitto, concentrandoci sul loro impatto sulla stabilità della RDC e sulle sfide che pongono alla pace e alla sicurezza. Analizzeremo come questi gruppi hanno sfruttato le risorse del Paese, perpetrato violenze e resistito agli sforzi di disarmo e reintegrazione, nonché le strategie impiegate per affrontare la minaccia che rappresentano.

Capitolo 8: Il ruolo degli attori non statali e dei gruppi ribelli

Il conflitto nella Repubblica Democratica del Congo (RDC) si distingue per il ruolo significativo svolto dagli attori non statali e dai gruppi ribelli. Queste entità non solo hanno alimentato gran parte della violenza, ma hanno anche plasmato il panorama politico ed economico del Paese. Questo capitolo esplora le complesse dinamiche che coinvolgono questi gruppi, le loro motivazioni, il loro impatto sulla stabilità della RDC e le sfide che pongono alla pace e alla sicurezza. Esamineremo anche gli sforzi compiuti per affrontare la minaccia rappresentata da questi gruppi, compresi i programmi di disarmo, smobilitazione e reintegrazione (DDR).

L'emergere dei gruppi ribelli

I gruppi ribelli nella RDC sono proliferati a causa di una combinazione di fattori storici, politici ed economici. La debolezza del governo centrale, l'abbondanza di risorse naturali e le divisioni etniche e regionali all'interno del Paese hanno contribuito all'ascesa di questi gruppi.

- **Radici storiche**: Le radici di molti gruppi ribelli nella RDC possono essere fatte risalire alla storia post-indipendenza del Paese, in particolare al periodo della dittatura di Mobutu Sese Seko. Il regime di Mobutu è stato caratterizzato dalla corruzione, dalla repressione e dall'abbandono di ampie zone del Paese, in particolare le regioni orientali. Ciò ha creato profondi rancori che hanno poi alimentato la ribellione.

- **L'impatto del genocidio ruandese**: Il genocidio ruandese del 1994 ha avuto un profondo impatto sulla RDC, soprattutto nelle province orientali. L'afflusso di rifugiati hutu, tra cui molti coinvolti nel genocidio, ha portato alla formazione di gruppi armati nel Congo orientale. Questi gruppi, spesso sostenuti da potenze regionali, hanno svolto un ruolo significativo nella Prima e nella Seconda guerra del Congo e hanno continuato a operare nella regione.
- **Motivazioni economiche**: La ricchezza di risorse naturali della RDC, in particolare nelle province orientali, è stata uno dei principali fattori di conflitto. I gruppi ribelli hanno cercato di controllare le aree ricche di risorse per finanziare le loro operazioni, dando luogo a un'intensa competizione e violenza. Lo sfruttamento di minerali come oro, diamanti, coltan e stagno ha fornito ai gruppi ribelli un flusso costante di entrate, permettendo loro di sostenere le proprie attività e di resistere agli sforzi di disarmo.

I principali gruppi ribelli e il loro impatto

Nel corso degli anni, nella RDC hanno operato numerosi gruppi di ribelli, ciascuno con motivazioni, tattiche e impatto sul conflitto propri. Tra i gruppi più significativi ci sono:

- **Le Forze Democratiche per la Liberazione del Ruanda (FDLR)**: Le FDLR sono uno dei gruppi ribelli più antichi e noti che operano nella RDC. Formate da estremisti hutu fuggiti dal Ruanda dopo il genocidio del 1994, le FDLR sono state responsabili di numerose atrocità, tra cui massacri, stupri e il reclutamento forzato di bambini soldato. Il gruppo è stato anche pesantemente coinvolto nello sfruttamento illegale delle risorse naturali, utilizzando i proventi per finanziare le proprie operazioni.
- **L'Esercito di resistenza del Signore (LRA)**:

Originariamente basato in Uganda, l'LRA, guidato da Joseph Kony, ha iniziato a operare nella RDC a metà degli anni 2000. Il gruppo è famoso per le sue tattiche brutali, tra cui il rapimento di bambini per servirli come soldati e schiavi sessuali. Le attività dell'LRA nella RDC hanno contribuito a diffondere paura e sfollamento, in particolare nelle regioni nordorientali.

- **Il Movimento del 23 marzo (M23)**: L'M23 è un gruppo ribelle emerso nel 2012, che prende il nome da un fallito accordo di pace firmato il 23 marzo 2009. Composto principalmente da soldati tutsi che erano stati precedentemente integrati nell'esercito congolese, l'M23 si è ribellato al governo, accusandolo di non aver rispettato i termini dell'accordo di pace. Il gruppo ha rapidamente acquisito il controllo di vaste aree del Nord Kivu, tra cui la città di Goma, prima di essere sconfitto dall'esercito congolese con il supporto della Brigata di intervento delle Nazioni Unite (FIB). Nonostante la sua sconfitta, l'M23 rimane un potente simbolo della fragilità della pace nella RDC orientale.
- **Milizie Mai-Mai**: Le Mai-Mai sono un insieme di milizie locali che operano nella RDC orientale da decenni. Questi gruppi sono spesso formati secondo linee etniche e sostengono di difendere le loro comunità da minacce esterne, compresi altri gruppi armati e le forze governative. Sebbene alcuni gruppi Mai-Mai si siano schierati con il governo in vari momenti, sono stati anche coinvolti in attacchi contro i civili, saccheggi e altre attività criminali.

Le tattiche e le operazioni dei gruppi ribelli

I gruppi ribelli nella RDC impiegano una varietà di tattiche per raggiungere i loro obiettivi, tra cui la violenza, l'intimidazione e lo sfruttamento delle risorse naturali. Le loro operazioni hanno avuto un impatto devastante sulla popolazione congolese, contribuendo al protrarsi del conflitto.

- **Violenza contro i civili**: Una delle tattiche più comuni utilizzate dai gruppi ribelli è la violenza contro i civili. Queste includono massacri, stupri, rapimenti e distruzione di villaggi. Queste violenze sono spesso utilizzate per intimidire le popolazioni locali, assicurarsi il controllo del territorio e punire le comunità percepite come sostenitrici di gruppi rivali o del governo.
- **Sfruttamento delle risorse naturali**: Il controllo e lo sfruttamento delle risorse naturali sono stati al centro delle operazioni di molti gruppi ribelli. Impadronendosi del controllo delle miniere e di altre aree ricche di risorse, questi gruppi hanno potuto finanziare le loro operazioni, acquistare armi e sostenere le loro attività. Il commercio illegale di minerali ha portato anche a un diffuso degrado ambientale e allo sfruttamento delle popolazioni locali, compreso il ricorso al lavoro forzato e al lavoro minorile.
- **Operazioni transfrontaliere e dinamiche regionali**: Molti gruppi di ribelli nella RDC operano a livello transfrontaliero, ricevendo sostegno dai Paesi limitrofi o sfruttando la porosità dei confini per eludere le forze governative. Il coinvolgimento di potenze regionali, come il Ruanda e l'Uganda, ha complicato ulteriormente il conflitto, poiché questi Paesi sono stati spesso accusati di appoggiare alcuni gruppi ribelli per promuovere i propri interessi strategici nella RDC.

Sforzi di disarmo, smobilitazione e reintegrazione (DDR)

Una delle strategie chiave per affrontare la minaccia rappresentata dai gruppi ribelli nella RDC è stata l'attuazione di programmi di disarmo, smobilitazione e reintegrazione (DDR). Questi programmi mirano a disarmare i combattenti, smantellare i gruppi ribelli e reintegrare gli ex combattenti nella vita civile.

- **Le sfide dei programmi DDR**: L'attuazione dei programmi di DDR nella RDC si è rivelata estremamente impegnativa. Molti combattenti sono riluttanti a disarmare, temendo rappresaglie, perdita di mezzi di sostentamento o mancanza di garanzie di sicurezza. Inoltre, la reintegrazione degli ex combattenti nella vita civile è spesso ostacolata dalla mancanza di opportunità economiche, dallo stigma sociale e dall'inadeguatezza dei servizi di supporto. L'elevato numero di gruppi armati e la continua insicurezza in molte parti del Paese complicano ulteriormente gli sforzi di DDR.
- **Successi e limiti**: Nonostante queste sfide, si sono registrati alcuni successi negli sforzi di DDR. Migliaia di combattenti sono stati disarmati e reintegrati nella vita civile e alcuni gruppi ribelli sono stati smantellati. Tuttavia, questi successi sono stati spesso di portata limitata e non hanno affrontato le cause profonde del conflitto. Il persistere della violenza e il riemergere di alcuni gruppi sciolti evidenziano i limiti dei programmi di DDR in assenza di riforme politiche ed economiche più ampie.

Risposte internazionali e regionali ai gruppi ribelli

La comunità internazionale e le organizzazioni regionali hanno svolto un ruolo fondamentale nel rispondere alla minaccia rappresentata dai gruppi ribelli nella RDC. Questa risposta ha incluso interventi militari, sanzioni e sforzi diplomatici volti ad affrontare le cause alla base del conflitto.

- **Operazioni di mantenimento della pace delle Nazioni Unite**: Le missioni di pace delle Nazioni Unite nella RDC, tra cui la MONUC e il suo successore MONUSCO, sono state in prima linea negli sforzi per contenere e neutralizzare i gruppi ribelli. Il dispiegamento della Brigata d'Intervento della Forza (FIB) all'interno della MONUSCO ha rappresentato un passo significativo in questo senso, consentendo alle Nazioni Unite di adottare un approccio più proattivo nella lotta ai gruppi armati. Il successo della FIB nello sconfiggere il gruppo ribelle M23 ha dimostrato il potenziale di solide operazioni di mantenimento della pace, ma la persistenza di altri gruppi armati sottolinea la necessità di un sostegno internazionale continuo.

- **Diplomazia e cooperazione regionale**: Organizzazioni regionali come l'Unione Africana (UA) e la Conferenza Internazionale sulla Regione dei Grandi Laghi (ICGLR) sono state coinvolte in sforzi diplomatici per affrontare il conflitto nella RDC. Questi sforzi hanno incluso la mediazione di accordi di pace, la promozione della cooperazione regionale e la gestione delle dinamiche transfrontaliere del conflitto. Tuttavia, il coinvolgimento dei Paesi vicini nel conflitto ha spesso complicato questi sforzi, con accuse di sostegno ai gruppi ribelli che hanno minato la fiducia e la cooperazione.
- **Sanzioni ed embargo sulle armi**: La comunità internazionale ha imposto sanzioni ed embarghi sulle armi a persone ed entità coinvolte nel conflitto. Queste misure mirano a interrompere il flusso di armi e finanziamenti ai gruppi ribelli e a chiamare a rispondere i responsabili delle atrocità. Sebbene le sanzioni abbiano avuto un certo impatto, la loro efficacia è spesso limitata da problemi di applicazione e dalla capacità dei gruppi armati di trovare fonti di sostegno alternative.

Il percorso da seguire: Affrontare le cause profonde del conflitto

Per affrontare la minaccia rappresentata dai gruppi ribelli nella RDC non bastano le soluzioni militari. È necessario un approccio globale che affronti le cause profonde del conflitto, compresi i fattori politici, economici e sociali.

- **Rafforzare la governance e lo Stato di diritto**: Uno dei fattori chiave che hanno contribuito all'ascesa dei gruppi ribelli nella RDC è stata la debolezza delle istituzioni statali e la mancanza di una governance efficace. Il rafforzamento dello Stato di diritto, la lotta alla corruzione e il miglioramento della governance a tutti i livelli sono essenziali per creare un ambiente stabile e sicuro in cui i gruppi ribelli non possano prosperare.
- **Promuovere lo sviluppo economico**: Le privazioni economiche e la competizione per le risorse sono state le principali cause di conflitto nella RDC. La promozione di uno sviluppo economico inclusivo, la creazione di opportunità di lavoro e la garanzia che i benefici delle risorse naturali del Paese siano condivisi equamente sono fondamentali per affrontare le motivazioni economiche alla base del conflitto.
- **Rafforzare la cooperazione regionale**: Data la natura transfrontaliera del conflitto nella RDC, la cooperazione regionale è essenziale per raggiungere una pace duratura. Ciò include il rafforzamento dei legami diplomatici, il miglioramento della sicurezza delle frontiere e la necessità di affrontare le dimensioni regionali dello sfruttamento delle risorse e del sostegno ai gruppi armati. La costruzione della fiducia tra le potenze regionali e la promozione di un impegno collettivo per la pace nella regione dei Grandi Laghi sono fondamentali per la stabilità a lungo termine.
- **Sostenere le iniziative locali di costruzione della pace**: Se

gli sforzi nazionali e internazionali sono importanti, le iniziative locali di costruzione della pace sono altrettanto fondamentali per affrontare il conflitto a livello di base. Sostenere gli sforzi di riconciliazione a livello di comunità, dare potere ai leader locali e promuovere il dialogo tra i diversi gruppi etnici e politici può aiutare a costruire la coesione sociale e a prevenire il riemergere della violenza.

Conclusioni

Il ruolo degli attori non statali e dei gruppi ribelli nella RDC è stato fondamentale per la persistenza e la complessità del conflitto. Questi gruppi non solo hanno scatenato gran parte della violenza, ma hanno anche plasmato il panorama politico ed economico del Paese. Per affrontare la minaccia che rappresentano è necessario un approccio multiforme che vada oltre gli interventi militari e includa riforme politiche, economiche e sociali.

Nel prossimo capitolo analizzeremo il ruolo nefasto del Ruanda e il silenzio complice della cosiddetta comunità internazionale nella destabilizzazione della RDC. Da vittima del genocidio, il Ruanda ne è diventato il principale responsabile, e questa macabra realtà si sta svolgendo sotto l'implacabile silenzio e la tacita benedizione della comunità internazionale. Analizzeremo come le macchinazioni geopolitiche di potenze straniere, tra cui il Ruanda, esacerbino la crisi nella RDC e come il silenzio della comunità internazionale abbia contribuito alla prolungata sofferenza del popolo congolese.

Capitolo 9: Il ruolo nefasto del Ruanda e la complicità della Comunità internazionale

Il conflitto in corso nella Repubblica Democratica del Congo (RDC) è profondamente legato a forze esterne, in particolare al ruolo del Ruanda. Dalla fine degli anni '90, il Ruanda ha svolto un ruolo centrale nella destabilizzazione delle regioni orientali della RDC, sostenendo i gruppi ribelli, sfruttando le risorse naturali e commettendo gravi violazioni dei diritti umani. Nonostante i numerosi rapporti delle Nazioni Unite che documentano la presenza e le attività militari del Ruanda nella RDC, non sono state imposte sanzioni internazionali significative e la comunità globale continua a chiudere un occhio sulle trasgressioni del Ruanda.

Strategia geopolitica e sfruttamento della RDC da parte del Ruanda

Il coinvolgimento del Ruanda nella RDC risale all'indomani del genocidio ruandese del 1994, quando il regime genocida guidato dagli Hutu fuggì nel Congo orientale, portando alla creazione di campi profughi hutu. Il Ruanda, sotto la guida del suo governo a maggioranza tutsi, è intervenuto militarmente, adducendo la necessità di eliminare i resti delle forze genocidarie che si nascondevano tra questi rifugiati. Tuttavia, l'intervento si trasformò rapidamente in un'operazione di vasta portata in cui il Ruanda cercò di garantire i propri interessi appoggiando i gruppi ribelli e saccheggiando le ricche risorse naturali della RDC.

Uno dei momenti più famosi di questa saga in corso è stato durante il regno di Laurent Désiré Kabila. L'esercito ruandese, insieme ai suoi alleati ribelli congolesi, massacrò sistematicamente i rifugiati hutu nella RDC - un atto che molti studiosi sostengono costituisca un genocidio. Queste atrocità, tuttavia, non sono confinate nella storia. Il Ruanda si è continuamente intromesso negli affari congolesi armando e finanziando gruppi ribelli come l'M23, una famigerata organizzazione responsabile di numerose atrocità, tra cui lo sfollamento di centinaia di migliaia di civili congolesi.

L'obiettivo strategico del Ruanda è stato quello di mantenere il controllo sulle aree ricche di minerali del Congo orientale, che abbondano di oro, coltan, stagno e altre risorse preziose. Lo sfruttamento di queste risorse è vitale per le ambizioni economiche del Ruanda, soprattutto in considerazione delle limitate risorse interne del Paese. Diverse multinazionali, in particolare dell'industria elettronica e automobilistica, hanno tratto vantaggio dalla situazione caotica del Congo orientale, approvvigionandosi di minerali dei conflitti indirettamente attraverso catene di approvvigionamento controllate dal Ruanda.

Silenzio e complicità della comunità internazionale

Nonostante l'ampia documentazione sul coinvolgimento del Ruanda nella RDC, la comunità internazionale è rimasta in gran parte passiva. Numerosi rapporti delle Nazioni Unite hanno confermato la presenza di truppe ruandesi nella RDC e il sostegno del Paese ai gruppi ribelli. Ad esempio, un'indagine delle Nazioni Unite del 2021 ha rivelato il rinnovato sostegno del Ruanda ai ribelli dell'M23, un gruppo che ha destabilizzato la RDC orientale per oltre un decennio. Il rapporto ha evidenziato la fornitura di armi, addestramento e supporto logistico al gruppo da parte del Ruanda, che ha contribuito ad alimentare la violenza e lo sfruttamento delle risorse nella regione.

L'Unione Europea, pur condannando pubblicamente le azioni del Ruanda, ha paradossalmente firmato accordi con Kigali per lo sviluppo di materie prime, tra cui tantalio, stagno e tungsteno. Questi materiali, spesso provenienti dalla RDC, teatro di conflitti, continuano ad alimentare l'economia del Ruanda, rendendolo un attore fondamentale nel mercato globale delle materie prime. Il Memorandum d'intesa 2024 dell'UE con il Ruanda, ad esempio, pone l'accento sulle catene di approvvigionamento sostenibili, ma molti ritengono che ciò significhi chiudere un occhio sulle atrocità in corso nella RDC. Sebbene il protocollo d'intesa miri ad aumentare la trasparenza, la mancanza di responsabilità per le azioni del Ruanda solleva serie preoccupazioni etiche. L'accordo simboleggia un modello più ampio di complicità internazionale, in cui gli interessi economici mettono in secondo piano le preoccupazioni per i diritti umani.

Il ruolo delle multinazionali

Il saccheggio delle risorse della RDC non si limita agli attori statali come il Ruanda, ma coinvolge anche le multinazionali che sfruttano l'instabilità. Queste società, in particolare quelle che operano nel settore minerario e dell'elettronica, fanno affidamento sui minerali estratti dalla RDC, spesso provenienti da canali illegali controllati da gruppi ribelli legati al Ruanda. Il caos nel Congo orientale permette a queste aziende di evitare i controlli, ottenendo le risorse a una frazione del costo che dovrebbero sostenere in condizioni stabili e con un'adeguata supervisione.

Molte catene di approvvigionamento globali di minerali critici utilizzati nella produzione di smartphone, computer portatili e altri dispositivi elettronici hanno origine nelle zone di conflitto della RDC. Nonostante iniziative come l'Iniziativa per la trasparenza delle industrie estrattive (EITI), la continua presenza di gruppi di ribelli sostenuti dal Ruanda ha reso difficile garantire che le risorse vengano acquistate in modo etico.

Il cammino verso il futuro: Responsabilità e responsabilità internazionale

L'incapacità della comunità internazionale di ritenere il Ruanda responsabile delle sue azioni nella RDC è un esempio lampante di ipocrisia geopolitica. Mentre il Ruanda si presenta come una nazione stabile e progressista, in particolare agli occhi dei donatori occidentali, continua a creare scompiglio nel suo vicino più grande. La comunità internazionale deve assumere una posizione più forte imponendo sanzioni al Ruanda, tagliando gli aiuti militari e assicurando che le multinazionali che operano nella regione aderiscano a rigorose linee guida etiche per quanto riguarda l'approvvigionamento delle risorse.

La vera pace nella Repubblica Democratica del Congo rimarrà inafferrabile finché si permetterà a forze esterne, come il Ruanda, di destabilizzare impunemente la regione. Per il popolo congolese, il cammino verso la stabilità richiede non solo lo smantellamento dei gruppi ribelli interni, ma anche la cessazione delle interferenze straniere. Spetta alla comunità internazionale smettere di chiudere gli occhi e riconoscere che la pace nella RDC non può essere raggiunta senza affrontare le cause profonde del conflitto, compreso il ruolo distruttivo del Ruanda.

In conclusione, il coinvolgimento del Ruanda nella RDC non è solo una questione di sicurezza regionale, ma un problema globale che coinvolge le multinazionali e gli organismi di governance internazionale. Finché questi attori non saranno chiamati a rispondere delle loro azioni, le sofferenze del popolo congolese continueranno sotto l'ombra dello sfruttamento e della violenza straniera.

Va da sé che il Ruanda sta riuscendo nella sua impresa di destabilizzazione, in parte a causa della debolezza dell'esercito congolese. Nel prossimo capitolo ci concentreremo sulle sue debolezze: perché la RDC non ha un esercito degno del suo nome?

Capitolo 10: La debolezza e la disorganizzazione dell'esercito congolese

Questo capitolo mette in relazione le profonde debolezze strutturali dell'esercito con le più ampie sfide geopolitiche che la RDC si trova ad affrontare, fornendo una lente critica attraverso cui comprendere l'incapacità del Paese di mantenere la sicurezza e l'integrità territoriale. L'articolo fornisce uno sguardo approfondito alla complessa rete di fattori che contribuiscono alla debolezza delle FARDC, dalla corruzione interna e dall'incuria allo sfruttamento e all'interferenza esterni, ponendo le basi per l'esplorazione delle influenze straniere sul conflitto nei prossimi capitoli.

"Les Forces Armées de la République Démocratique du Congo (FARDC)" sono il triste riflesso di una nazione che, nonostante la vasta estensione territoriale e le ricche risorse naturali, è stata sistematicamente erosa dalla decadenza interna. Colosso dai piedi d'argilla, l'esercito della Repubblica Democratica del Congo (RDC) non brilla per la sua abilità in combattimento, ma per la sua incapacità di proteggere efficacemente il territorio congolese o di affrontare le minacce esterne. Corruzione, scarsa leadership, equipaggiamento insufficiente e forze non addestrate hanno minato la capacità dell'esercito di mantenere la sicurezza, lasciando vaste regioni del Paese vulnerabili alle incursioni di gruppi di ribelli e di potenze straniere come il Ruanda.

Contesto storico: Un'eredità di negligenza

La radice delle disfunzioni delle FARDC risale all'epoca post-coloniale, quando la RDC (allora Zaire) era governata da Mobutu

Sese Seko. Sotto il regime cleptocratico di Mobutu, le forze armate non erano generalmente destinate a difendere i confini della nazione o a impegnarsi in un conflitto, ma piuttosto a preservare il potere del presidente. Gli ufficiali che dimostravano competenza o ambizione venivano rapidamente rimossi, mentre le posizioni di alto livello venivano assegnate in base alla fedeltà piuttosto che al merito. Questa politica ha lasciato l'esercito in uno stato di disordine, tristemente impreparato a gestire le insurrezioni che avrebbero seguito la discesa della nazione nel caos durante le Guerre del Congo degli anni '90. La caduta di Mobutu e la caduta di Mobutu e la sua caduta hanno portato l'esercito ad essere un'entità di grande importanza.

La caduta di Mobutu e la successiva ascesa di Laurent-Désiré Kabila hanno fatto poco per invertire la spirale negativa della capacità operativa dell'esercito. Anzi, sotto Kabila, l'esercito congolese è diventato ancora più frammentato. Gruppi ribelli come il Rassemblement Congolais pour la Démocratie (RCD), il Mouvement pour la Libération du Congo (MLC) e le forze sostenute dal Ruanda hanno costantemente superato le FARDC sul campo di battaglia, evidenziando le debolezze istituzionali che erano state lasciate incontrollate per decenni. Gli eserciti di altri Paesi africani sono dovuti intervenire per sostenere la RDC di fronte alle invasioni di altri Paesi, soprattutto Ruanda e Uganda, sul suo territorio.

Corruzione e sottofinanziamento: Il tallone d'Achille dell'esercito

La corruzione è il problema più diffuso che affligge le FARDC. Gli ufficiali militari di alto rango sono più spesso impegnati in lucrose attività commerciali - a volte in collaborazione con i gruppi ribelli - che nella difesa della sovranità nazionale. L'appropriazione indebita di fondi militari è dilagante, con il risultato che i soldati spesso non vengono pagati o ricevono salari insufficienti per sostenere se stessi e le loro famiglie. Ciò favorisce una cultura dell'estorsione e dell'abuso, in cui i soldati si approfittano regolarmente della popolazione civile per sbarcare il lunario. Le dilaganti violazioni dei diritti umani da parte delle FARDC, tra cui saccheggi, stupri e uccisioni arbitrarie, riflettono la disperazione e la mancanza di disciplina che sono diventate endemiche nella forza.

Il governo congolese, alle prese con le proprie disfunzioni politiche e la cattiva gestione finanziaria, non è riuscito a fornire all'esercito le risorse necessarie per operare efficacemente. Le unità delle FARDC mancano di beni di prima necessità, dalle munizioni al cibo, fino al moderno equipaggiamento militare. Spesso i soldati si ritrovano a condividere fucili obsoleti e a non avere i più rudimentali dispositivi di protezione. Questo li rende vulnerabili non solo al fuoco nemico, ma anche alla diserzione e alle defezioni verso le fazioni ribelli.

Scarso addestramento e disciplina

I ranghi delle FARDC sono prevalentemente composti da coscritti o ex membri di varie milizie e gruppi ribelli, molti dei quali non hanno un addestramento militare formale. Quando i gruppi di miliziani vengono integrati nell'esercito nazionale - evento comune dopo gli accordi di pace - gli sforzi per unificare questi combattenti sotto una struttura di comando centrale sono scarsi. Al contrario, queste fazioni mantengono le loro fedeltà, dando vita a un esercito in cui le divisioni sono profonde e le gerarchie di comando poco chiare.

Le conseguenze di questa disorganizzazione sono state devastanti. I soldati delle FARDC sono spesso poco preparati alle complessità tattiche della guerra moderna, in particolare nel terreno denso e pieno di giungla del Congo orientale. La loro incapacità di pianificare ed eseguire operazioni strategiche ha permesso a forze straniere, tra cui l'esercito ruandese ben addestrato e ben equipaggiato, di attraversare i confini congolesi con relativa impunità. Il Ruanda ha sostenuto gruppi armati come l'M23, che continuano a terrorizzare le popolazioni locali, a saccheggiare le risorse e a destabilizzare le regioni orientali.

Il ruolo del Ruanda: Una forza al di là della portata delle FARDC

Forse il fallimento più evidente delle FARDC è la loro incapacità di affrontare la continua interferenza del Ruanda nella RDC. Dalla fine degli anni '90, il Ruanda ha sfruttato l'incapacità delle FARDC a suo vantaggio, sostenendo gruppi ribelli per procura come l'M23 per mantenere l'influenza sulle regioni ricche di minerali del Congo orientale. Sebbene le FARDC siano riuscite a lanciare sporadiche offensive, queste non sono state sufficienti a sgominare le forze sostenute dal Ruanda.

Ciò che è particolarmente dannoso è che la comunità internazionale, nonostante sia ben consapevole delle ripetute violazioni della sovranità congolese da parte del Ruanda, ha fatto ben poco per sanzionare o ostacolare le azioni ruandesi. I rapporti delle Nazioni Unite hanno confermato la presenza militare e lo sfruttamento dei minerali congolesi da parte del Ruanda. Tuttavia, queste scoperte sono state accolte con indifferenza a livello internazionale, poiché le potenti multinazionali traggono vantaggio dall'instabilità, rifornendosi di risorse preziose a prezzi scontati proprio attraverso i gruppi ribelli che il Ruanda sostiene.

Il Ruanda e l'influenza dei ribelli: Un burattinaio nell'ombra

Il ruolo del Ruanda nella destabilizzazione del Congo orientale non può essere sottovalutato. Dalla fine degli anni '90, Kigali ha mantenuto interessi strategici nelle province orientali, ricche di minerali, utilizzando spesso i gruppi ribelli come proxy per promuovere i propri obiettivi geopolitici ed economici. Sebbene il governo ruandese neghi pubblicamente il coinvolgimento, numerosi rapporti delle Nazioni Unite hanno implicato l'esercito ruandese nel sostegno a milizie come l'M23. Questi gruppi agiscono impunemente, commettendo diffuse violazioni dei diritti umani, tra cui uccisioni di massa, stupri e sfollamento forzato delle popolazioni locali.

Le FARDC non sono state in grado di organizzare una campagna sostenuta ed efficace per sloggiare queste milizie. Nonostante le offensive occasionali, le forze ribelli si ritirano spesso nelle aree densamente boscose lungo il confine ruandese, riorganizzandosi e riarmandosi con relativa facilità. L'appoggio del Ruanda fa sì che queste milizie rimangano una forza formidabile, meglio equipaggiata e organizzata delle FARDC. Le frontiere porose tra i due Paesi consentono il contrabbando di armi, minerali e altre risorse, rafforzando ulteriormente il conflitto. Le incursioni dell'esercito ruandese in territorio congolese incontrano spesso poca resistenza da parte delle FARDC, sottolineando la debolezza di queste ultime.

La comunità internazionale ha chiuso un occhio sul coinvolgimento del Ruanda, preferendo mantenere relazioni diplomatiche con il governo del presidente Paul Kagame, spesso considerato un modello di stabilità nella regione. Questo approccio di realpolitik è avvenuto a spese del popolo congolese, che continua a soffrire per l'ingerenza del Ruanda e per le atrocità commesse dalle sue forze per procura.

Abusi dei diritti umani: L'eredità oscura delle FARDC

Se le FARDC non sono riuscite a respingere le incursioni straniere o a sconfiggere le ribellioni interne, il loro record di abusi dei diritti umani è forse la loro caratteristica più nota. Sottopagati, non equipaggiati e mal guidati, i soldati delle FARDC hanno commesso numerose atrocità contro gli stessi civili che dovrebbero proteggere. Lo stupro è comunemente usato come arma di guerra e i saccheggi dei villaggi sono una routine, spesso compiuti con la scusa di operazioni militari.

Nelle province orientali, dove il controllo del governo è più debole, è noto che le unità delle FARDC abbandonano le loro postazioni quando le forze ribelli si avvicinano, lasciando i civili a cavarsela da soli. Questi fallimenti hanno eroso la fiducia della popolazione nell'esercito e hanno aggravato il senso di insicurezza che affligge la regione. I civili si trovano spesso intrappolati tra la brutalità dei gruppi ribelli e le azioni predatorie dell'esercito nazionale.

Disinteresse politico: Un governo diviso

Ad aggravare ulteriormente la debolezza delle FARDC è il disordine politico di Kinshasa. Invece di concentrarsi sulla sicurezza nazionale e sul benessere dei cittadini, i politici congolesi sono più interessati alle lotte di potere interne. La corruzione ai massimi livelli ha fatto sì che la riforma militare rimanga poco presente nell'agenda nazionale, con i fondi destinati alla difesa spesso dirottati su conti privati.

La mancanza di una volontà politica coesa ha paralizzato i tentativi di modernizzare l'esercito, lasciando le FARDC in un perenne stato di disfunzione. Mentre il Ruanda continua a esercitare la sua influenza a est e le multinazionali traggono profitto dallo sfruttamento delle risorse del Congo, il governo congolese rimane paralizzato, incapace - o non disposto - ad affrontare la crisi di petto.

Apatia politica e litigi: Il fallimento della leadership della RDC

Come già accennato, alla base della debolezza delle FARDC c'è il disordine politico di Kinshasa. I politici congolesi, più preoccupati di lottare per il potere e di assicurarsi le fortune personali, hanno ampiamente trascurato l'urgente necessità di una riforma militare. I governi che si sono succeduti non hanno dato priorità alla modernizzazione delle forze armate, lasciando le FARDC mal equipaggiate e mal preparate ad affrontare la miriade di minacce che incombono sulla nazione.

A questa apatia politica si aggiunge la corruzione diffusa all'interno del governo. I fondi che dovrebbero essere destinati alle forze armate sono spesso sottratti da politici e alti ufficiali militari. Di conseguenza, i soldati sono lasciati senza un equipaggiamento adeguato, senza addestramento e persino senza beni di prima necessità come cibo e alloggio. L'attenzione dell'élite politica per le lotte di potere interne ha distolto l'attenzione dai pressanti problemi di sicurezza nazionale, permettendo al Ruanda e ai gruppi ribelli di operare con poca opposizione.

Inoltre, l'incapacità del governo di affrontare le lamentele sociali ed economiche del popolo congolese ha creato un terreno fertile per il reclutamento da parte dei gruppi ribelli. I giovani disillusi, di fronte alla mancanza di opportunità, si lasciano facilmente influenzare dalle promesse di ricchezza e potere, rafforzando ulteriormente le fila delle milizie e dei gruppi insurrezionali.

Lo sfruttamento delle risorse del Congo: Multinazionali e alleanze ribelli

Il Congo orientale ospita alcuni dei più preziosi giacimenti minerari del mondo, tra cui oro, coltan e stagno, tutti elementi fondamentali per le industrie globali come quella elettronica e manifatturiera. I gruppi ribelli e le FARDC hanno sfruttato questa ricchezza di risorse, spesso lavorando in tandem con le multinazionali, desiderose di accedere a questi materiali a prezzi scontati. È ben documentato che diverse multinazionali hanno indirettamente alimentato il conflitto impegnandosi in accordi illeciti con i gruppi ribelli, perpetuando così la violenza e l'instabilità della regione.

La mancanza di regolamentazione e supervisione nel settore minerario ha permesso a ufficiali militari corrotti, leader dei ribelli e società internazionali di sfruttare impunemente le risorse del Congo. Le unità delle FARDC di stanza nelle province orientali sono spesso più interessate a controllare le aree minerarie che a proteggere i civili. Il profondo coinvolgimento dell'esercito nel commercio illegale di risorse ha ulteriormente eroso la sua capacità di funzionare come esercito professionale, trasformandolo in un altro attore nelle guerre per le risorse in corso nel Paese.

Il ruolo dei partner internazionali: Non riescono ad affrontare le debolezze strutturali

La comunità internazionale, sebbene apparentemente preoccupata per la violenza e l'instabilità della RDC, non è riuscita ad affrontare le debolezze fondamentali dell'esercito congolese. Miliardi di dollari sono stati versati in operazioni di mantenimento della pace, aiuti umanitari e assistenza allo sviluppo, eppure le FARDC rimangono incapaci di condurre operazioni militari efficaci. Gran parte di questo fallimento può essere attribuito alla mancanza di attenzione per la riforma militare. I donatori internazionali e le forze dell'ONU hanno spesso dato priorità alla stabilità a breve termine - affrontando i sintomi del conflitto - rispetto alle soluzioni a lungo termine, come la costruzione di un esercito competente e professionale.

Le missioni di mantenimento della pace, come la Missione di stabilizzazione dell'Organizzazione delle Nazioni Unite nella Repubblica Democratica del Congo (MONUSCO), sono state criticate per la loro incapacità di proteggere efficacemente i civili e per l'eccessiva dipendenza dalle FARDC nel condurre le operazioni militari. Il partenariato tra MONUSCO e FARDC è irto di sfide, poiché la mancanza di disciplina e di coordinamento delle forze armate congolesi compromette il successo delle operazioni congiunte. Nel frattempo, la pressione internazionale per le riforme strutturali dell'esercito congolese è stata debole, spesso deviata dalle preoccupazioni per la stabilità politica piuttosto che per l'efficacia militare.

Conclusioni: Il cammino verso la riforma

Le FARDC, nella loro forma attuale, sono un'istituzione distrutta, incapace di difendere la sovranità della Repubblica Democratica del Congo. Finché corruzione, scarso addestramento e disorganizzazione non saranno affrontati, l'esercito continuerà a non adempiere al suo dovere primario di proteggere il popolo congolese. Una vera riforma militare è necessaria, ma richiederà un livello di impegno politico e di supervisione internazionale che è stato fortemente carente.

L'urgente necessità di una riforma

L'esercito della Repubblica Democratica del Congo è un colosso dai piedi d'argilla, incapace di difendere i propri confini o di proteggere la popolazione dalle minacce interne ed esterne. Le debolezze delle FARDC non sono solo il risultato di finanziamenti insufficienti o della mancanza di equipaggiamento, ma sono sintomatiche di problemi strutturali più profondi che affondano le radici in decenni di corruzione, incuria e indifferenza politica. A meno che non vengano attuate riforme significative, sia a livello militare che politico, la RDC rimarrà vulnerabile allo sfruttamento da parte di potenze straniere come il Ruanda e delle multinazionali che traggono profitto dalla sua instabilità.

La riforma delle FARDC non è solo una questione di sicurezza nazionale, ma anche un prerequisito per la stabilità e lo sviluppo a lungo termine della RDC. Un esercito professionale, disciplinato e ben equipaggiato è essenziale per assicurare i confini del Paese, proteggere i cittadini e garantire che la vasta ricchezza di risorse del Congo vada a beneficio della popolazione anziché alimentare ulteriori conflitti. Affinché ciò avvenga, il governo congolese deve impegnarsi in una vera riforma militare, i partner internazionali devono ritenere il Ruanda responsabile delle sue azioni destabilizzanti e la comunità globale deve affrontare il ruolo delle multinazionali nel perpetuare il conflitto. Solo così la RDC potrà sperare di interrompere il ciclo di violenza e di avviarsi verso un futuro di pace e prosperità.

Nel prossimo capitolo esploreremo l'impatto economico del conflitto nella RDC, concentrandoci su come la guerra abbia distrutto i mezzi di sussistenza, esacerbato la povertà e ostacolato lo sviluppo. Esamineremo anche gli sforzi compiuti per ricostruire l'economia del Paese e creare un futuro più stabile e prospero per il popolo congolese.

Capitolo 11: Impatto economico: come il conflitto distrugge i mezzi di sussistenza

La Repubblica Democratica del Congo (RDC) è una nazione dotata di vaste risorse naturali, ma la sua economia è stata devastata da decenni di conflitto. La guerra non solo ha causato immense sofferenze umane, ma ha anche distrutto i mezzi di sussistenza, ostacolato lo sviluppo e aggravato la povertà. In questo capitolo esploreremo il profondo impatto economico del conflitto nella RDC, esaminando come la guerra abbia interrotto le attività economiche, devastato le infrastrutture e creato un ciclo di povertà difficile da spezzare. Verranno inoltre esaminati gli sforzi compiuti per ricostruire l'economia e creare un futuro più stabile e prospero per il popolo congolese.

Distruzione delle infrastrutture e dissesto economico

Il conflitto nella RDC ha avuto un impatto catastrofico sulle infrastrutture del Paese, comprese le reti di trasporto, comunicazione ed energia. La distruzione delle infrastrutture ha ostacolato gravemente le attività economiche, rendendo difficile la circolazione delle merci all'interno del Paese e l'operatività delle imprese.

- **Trasporti e commercio**: le vaste dimensioni e il terreno difficile della RDC ponevano già notevoli problemi logistici, ma il conflitto ha reso i trasporti ancora più difficili. Strade e ferrovie sono state distrutte o sono cadute in rovina e molte regioni, soprattutto nella parte orientale, sono inaccessibili via terra. La distruzione delle infrastrutture di trasporto non solo ha isolato le comunità, ma ha anche interrotto il commercio, causando la carenza di beni e l'aumento dei prezzi dei generi di prima necessità.

- **Energia e alimentazione**: Anche l'infrastruttura energetica della RDC è stata gravemente colpita dal conflitto. Le centrali elettriche e le linee di trasmissione sono state danneggiate o distrutte, causando frequenti interruzioni di corrente e limitando l'accesso all'elettricità in molte parti del Paese. Ciò ha avuto un impatto significativo sulle industrie, sulle imprese e sulle famiglie, rendendo difficile sostenere le attività economiche e migliorare gli standard di vita.

- **Reti di comunicazione**: Le reti di comunicazione, compresi i servizi telefonici e internet, sono state interrotte dal conflitto. La mancanza di infrastrutture di comunicazione affidabili ha ostacolato le operazioni commerciali, reso difficile l'accesso alle informazioni e impedito gli sforzi per coordinare l'assistenza umanitaria e le attività di costruzione della pace.

L'impatto sull'agricoltura e sulla sicurezza alimentare

L'agricoltura è la spina dorsale dell'economia della RDC e la maggior parte della popolazione si basa sull'agricoltura per il proprio sostentamento. Tuttavia, il conflitto ha avuto un impatto devastante sull'agricoltura, causando una diffusa insicurezza alimentare e povertà.

- **Interruzione delle attività agricole**: La violenza e l'insicurezza causate dal conflitto hanno costretto milioni di persone a fuggire dalle proprie case, abbandonando le proprie aziende agricole e i propri mezzi di sostentamento. In molte aree, gli agricoltori non hanno potuto piantare o raccogliere i raccolti a causa della presenza di gruppi armati, delle mine antiuomo e della distruzione dei sistemi di irrigazione. L'interruzione delle attività agricole ha portato a carenze alimentari e a un forte calo della produttività agricola.

- **Distruzione di terre e proprietà**: La distruzione di terreni e proprietà durante il conflitto ha ulteriormente aggravato le difficoltà degli agricoltori. Case, fienili e magazzini sono stati bruciati o saccheggiati e i terreni agricoli sono stati resi inutilizzabili a causa dei danni provocati dal conflitto. La perdita di terreni e proprietà ha reso difficile per le popolazioni sfollate tornare alle proprie case e ricostruire le proprie vite.
- **Insicurezza alimentare**: L'interruzione dell'agricoltura ha portato a una diffusa insicurezza alimentare nella RDC. Milioni di persone non hanno accesso a cibo sufficiente, con conseguente malnutrizione, soprattutto tra i bambini. L'insicurezza alimentare ha anche fatto aumentare i prezzi degli alimenti di base, rendendo ancora più difficile per le famiglie povere permettersi i beni di prima necessità. La combinazione di carenza di cibo e prezzi elevati ha creato una crisi umanitaria, con molte persone che dipendono dagli aiuti alimentari per sopravvivere.

Lo sfruttamento delle risorse naturali e l'economia di guerra

La vasta ricchezza di risorse naturali della RDC, tra cui minerali, legname e petrolio, è stata sia una benedizione che una maledizione. Se da un lato queste risorse hanno il potenziale per favorire lo sviluppo economico, dall'altro hanno alimentato il conflitto e perpetuato un'economia di guerra.

- **Il ruolo dei minerali**: La RDC è una delle fonti più ricche di minerali al mondo, tra cui oro, diamanti, coltan, stagno e tungsteno. Questi minerali sono componenti fondamentali per un'ampia gamma di industrie, dall'elettronica alla gioielleria. Tuttavia, il controllo e lo sfruttamento di queste risorse sono stati al centro del conflitto, con vari gruppi armati e potenze straniere in competizione per il controllo delle aree ricche di minerali. Il commercio illegale di minerali ha fornito finanziamenti ai gruppi ribelli, consentendo loro di sostenere le proprie operazioni e di resistere agli sforzi di disarmo.

- **L'economia di guerra**: il conflitto nella RDC ha dato origine a un'economia di guerra in cui vari attori, tra cui gruppi armati, funzionari governativi e multinazionali, traggono profitto dallo sfruttamento delle risorse naturali. Questa economia di guerra ha creato incentivi per la continuazione della violenza, poiché coloro che traggono vantaggio dal conflitto hanno scarso interesse alla pace. Lo sfruttamento delle risorse ha portato anche al degrado ambientale e allo sfollamento delle popolazioni locali, aggravando ulteriormente la povertà e l'instabilità.

- **Corruzione e cattiva gestione**: La corruzione e la cattiva gestione delle risorse del Paese hanno ulteriormente minato l'economia della RDC. I proventi dell'estrazione delle risorse naturali sono stati spesso sottratti da funzionari governativi e società straniere, lasciando poco spazio agli investimenti nei servizi pubblici e nelle infrastrutture. La mancanza di trasparenza e di responsabilità nella gestione delle risorse ha contribuito al persistere della povertà e del sottosviluppo nella RDC.

Il costo umano del crollo economico

Il crollo economico causato dal conflitto nella RDC ha avuto un profondo impatto sulla vita dei congolesi comuni. Povertà, disoccupazione e mancanza di accesso ai servizi di base sono diventati la norma per milioni di persone, creando un ciclo di privazioni da cui è difficile uscire.

- **Povertà e disoccupazione**: Il conflitto ha causato povertà e disoccupazione diffuse nella RDC. Molte persone hanno perso il lavoro e i mezzi di sussistenza a causa della distruzione di aziende e fattorie, mentre altre sono state costrette a fuggire dalle loro case in cerca di sicurezza. La mancanza di opportunità economiche ha spinto molti giovani a unirsi a gruppi armati o a impegnarsi in attività illegali, alimentando ulteriormente il conflitto.

- **Accesso ai servizi di base**: Il crollo dell'economia ha anche limitato gravemente l'accesso ai servizi di base, tra cui l'assistenza sanitaria, l'istruzione e l'acqua potabile. Molte strutture sanitarie sono state distrutte o non sono in grado di operare per mancanza di forniture e personale, con conseguenti alti tassi di malattie prevenibili e di mortalità materna e infantile. Le scuole sono state chiuse o distrutte, privando milioni di bambini di un'istruzione e dell'opportunità di un futuro migliore. La mancanza di acqua pulita e di servizi igienici ha contribuito alla diffusione di malattie come la colera e la malaria.
- **Impatto sociale e sfollamento**: Il crollo economico ha avuto un profondo impatto sociale, portando alla disgregazione di famiglie e comunità. Lo sfollamento di milioni di persone ha interrotto le reti sociali e i sistemi di supporto, rendendo difficile per le persone ricostruire le proprie vite. La perdita dei mezzi di sostentamento e la costante minaccia di violenza hanno portato ad alti livelli di stress, ansia e depressione tra la popolazione.

Sforzi per ricostruire l'economia

Nonostante le enormi sfide, si stanno compiendo sforzi per ricostruire l'economia della RDC e creare un futuro più stabile e prospero per la popolazione. Questi sforzi comprendono aiuti internazionali, investimenti in infrastrutture e iniziative per migliorare la governance e promuovere lo sviluppo sostenibile.

- **Aiuti internazionali e assistenza allo sviluppo**: Gli aiuti internazionali hanno svolto un ruolo fondamentale nel sostenere gli sforzi di ripresa della RDC. Le organizzazioni umanitarie e i Paesi donatori hanno fornito finanziamenti per gli aiuti d'emergenza e per progetti di sviluppo a lungo termine volti a ricostruire le infrastrutture, migliorare l'assistenza sanitaria e l'istruzione e promuovere la crescita economica. Tuttavia, la portata delle sfide che la RDC si trova ad affrontare significa che c'è ancora molto da fare e un sostegno internazionale sostenuto sarà essenziale per la ripresa del Paese.

- **Investimenti nelle infrastrutture**: La ricostruzione delle infrastrutture della RDC è una priorità fondamentale per la ripresa del Paese. Gli investimenti in strade, ferrovie, centrali elettriche e reti di comunicazione sono essenziali per rilanciare l'economia e migliorare l'accesso ai servizi di base. I progetti di sviluppo delle infrastrutture, sostenuti dai donatori internazionali e dagli investitori privati, hanno iniziato a fare progressi in alcune aree, ma è necessario molto più lavoro per affrontare la portata delle distruzioni.

- **Promuovere il buon governo e la trasparenza**: Il miglioramento della governance e la lotta alla corruzione sono fondamentali per la ripresa economica della RDC. Gli sforzi per promuovere la trasparenza nella gestione delle risorse naturali, rafforzare lo stato di diritto e costruire la capacità delle istituzioni governative sono essenziali per garantire che la ricchezza del Paese vada a beneficio di tutti i cittadini. Iniziative come l'Iniziativa per la trasparenza delle industrie estrattive (EITI) e l'istituzione di agenzie anticorruzione sono passi nella giusta direzione, ma per compiere progressi duraturi saranno necessari una volontà politica sostenuta e il sostegno internazionale.

- **Diversificazione economica e sviluppo sostenibile**: La

diversificazione dell'economia della RDC e la promozione dello sviluppo sostenibile sono fondamentali per spezzare il ciclo della povertà e del conflitto. Ciò include il sostegno all'agricoltura, alle piccole e medie imprese e ad altri settori che possono fornire mezzi di sussistenza stabili alla popolazione. Le iniziative di sviluppo sostenibile che proteggono l'ambiente e garantiscono un'equa distribuzione delle risorse sono essenziali per creare un'economia più resiliente e inclusiva.

Il ruolo del settore privato e della comunità internazionale

Il settore privato e la comunità internazionale hanno un ruolo importante da svolgere nella ripresa economica della RDC. Investimenti responsabili, pratiche commerciali etiche e cooperazione internazionale sono essenziali per costruire un futuro più stabile e prospero per il Paese.

- **Investimenti responsabili e pratiche commerciali etiche**: Il settore privato può contribuire alla ripresa della RDC investendo nell'economia del Paese e creando posti di lavoro. Tuttavia, è essenziale che tali investimenti siano condotti in modo responsabile, nel rispetto dei diritti umani, della sostenibilità ambientale e dello Stato di diritto. Le aziende che operano nella RDC devono attenersi a pratiche commerciali etiche, tra cui la conduzione della due diligence sulle catene di approvvigionamento, evitando la complicità in abusi dei diritti umani e contribuendo allo sviluppo delle comunità locali.
- **Cooperazione e sostegno internazionale**: La comunità internazionale può sostenere la ripresa della RDC fornendo assistenza tecnica, finanziando progetti di sviluppo e promuovendo il commercio e gli investimenti. La cooperazione internazionale è essenziale anche per affrontare

le dinamiche transfrontaliere del conflitto, tra cui il commercio illegale di risorse naturali e il coinvolgimento dei Paesi limitrofi nel conflitto. Il rafforzamento dei partenariati regionali e internazionali può contribuire a creare un ambiente più stabile e sicuro per la ripresa economica della RDC.

Conclusioni

L'impatto economico del conflitto nella RDC è stato devastante, distruggendo i mezzi di sussistenza, esacerbando la povertà e ostacolando lo sviluppo. La distruzione delle infrastrutture, l'interruzione dell'agricoltura e lo sfruttamento delle risorse naturali hanno creato un ciclo di povertà e violenza difficile da spezzare. Tuttavia, ci sono anche segnali di speranza: gli sforzi per ricostruire l'economia, migliorare la governance e promuovere lo sviluppo sostenibile stanno iniziando a prendere piede.

Nel prossimo capitolo analizzeremo la situazione di milioni di persone sfollate a causa del conflitto nella RDC. Esamineremo le sfide affrontate dai rifugiati e dagli sfollati interni, la risposta umanitaria ai loro bisogni e le prospettive di ritorno e reintegrazione nella società.

Capitolo 12: I rifugiati dimenticati: Sfollamento e crisi umanitaria

La Repubblica Democratica del Congo (RDC) è stata l'epicentro di una delle crisi di sfollamento più lunghe e complesse del mondo. Nel corso del conflitto, milioni di persone sono state costrette a fuggire dalle loro case, cercando rifugio all'interno del Paese come sfollati interni (IDP) o nei Paesi vicini come rifugiati. L'entità dello sfollamento ha creato un'enorme crisi umanitaria, con le popolazioni sfollate che devono affrontare difficoltà estreme, tra cui violenza, insicurezza alimentare, mancanza di alloggi e accesso limitato ai servizi di base. Questo capitolo esamina la situazione degli sfollati nella RDC, le sfide legate alla fornitura di aiuti umanitari e le prospettive di ritorno e reintegrazione nella società.

Le dimensioni e le cause dello sfollamento

Il conflitto nella RDC ha portato a una delle più grandi crisi di sfollamento al mondo. Le cause dello sfollamento sono molteplici e affondano le radici nella violenza, nell'insicurezza e nel collasso economico che hanno afflitto il Paese per decenni.

- **Violenza e insicurezza**: Il principale fattore di sfollamento nella RDC è stata la violenza e l'insicurezza dilaganti causate da gruppi armati, milizie ribelli e forze governative. I civili sono stati coinvolti nel fuoco incrociato delle battaglie, sottoposti ad attacchi mirati e costretti a fuggire per evitare massacri, stupri e altre atrocità. Le province orientali del Nord Kivu, Sud Kivu e Ituri sono state particolarmente colpite, con

milioni di persone sradicate dalle loro case.
- **Conflitti etnici e comunali**: Anche i conflitti etnici e comunali sono stati cause significative di sfollamento. In molte regioni, le tensioni tra i diversi gruppi etnici sono sfociate nella violenza, portando allo sfollamento forzato di intere comunità. Questi conflitti sono spesso alimentati dalla competizione per la terra, le risorse e il potere politico, oltre che da rancori storici.
- **Crollo economico e povertà**: Il crollo economico causato dal conflitto ha ulteriormente aggravato lo sfollamento. Con la distruzione dei mezzi di sussistenza e l'aggravarsi della povertà, molte persone sono state costrette a lasciare le loro case in cerca di migliori opportunità o per sfuggire alle condizioni disastrose delle loro comunità. Anche la mancanza di servizi di base, tra cui assistenza sanitaria, istruzione e acqua potabile, ha contribuito alla decisione di molti di fuggire.
- **Fattori ambientali**: Oltre alle cause legate ai conflitti, anche i fattori ambientali hanno avuto un ruolo nello sfollamento delle popolazioni nella RDC. Questi disastri naturali hanno spesso aggravato le sfide affrontate da comunità già vulnerabili, costringendole a cercare rifugio altrove.

La condizione degli sfollati interni (IDP)

Gli sfollati interni sono tra le popolazioni più vulnerabili della RDC. A differenza dei rifugiati che attraversano i confini internazionali, gli sfollati interni rimangono all'interno del proprio Paese, spesso in aree dove la sicurezza e l'accesso agli aiuti umanitari sono limitati.

- **Condizioni di vita nei campi per sfollati interni**: Molti sfollati interni nella RDC vivono in campi sovraffollati e privi di risorse, dove devono affrontare condizioni di vita difficili. Questi campi spesso non dispongono di un riparo adeguato, di servizi igienici e di acqua pulita, con conseguente diffusione di malattie come il colera e la malaria. L'insicurezza alimentare è un problema importante: molti sfollati dipendono dagli aiuti alimentari, spesso insufficienti a soddisfare le loro esigenze. La mancanza di accesso all'istruzione e all'assistenza sanitaria aggrava ulteriormente le sfide che le popolazioni sfollate devono affrontare.

- **Problemi di protezione**: Gli sfollati interni sono particolarmente vulnerabili alla violenza e allo sfruttamento. Le donne e i bambini, in particolare, corrono un rischio maggiore di violenza sessuale, traffico di esseri umani e reclutamento forzato da parte dei gruppi armati. La presenza di attori armati all'interno o nelle vicinanze dei campi per sfollati crea un'atmosfera di paura e insicurezza, rendendo difficile per le agenzie di aiuto fornire protezione e supporto.
- **Sfide nell'accesso agli aiuti**: Fornire aiuti umanitari agli sfollati interni nella RDC è pieno di sfide. L'insicurezza, le scarse infrastrutture e la posizione remota di molti campi rendono difficile per le organizzazioni umanitarie raggiungere i bisognosi. Inoltre, le dimensioni della crisi spesso superano le risorse disponibili, causando lacune nella fornitura di servizi e bisogni non soddisfatti. Le carenze di fondi, gli ostacoli burocratici e l'enorme numero di sfollati complicano ulteriormente la fornitura di aiuti.
- **Sfollati a lungo termine**: Per molti sfollati interni nella RDC, lo sfollamento è diventato una realtà a lungo termine. Alcuni vivono nei campi o in rifugi temporanei da anni, con poche speranze di tornare alle loro case a causa del conflitto in corso e dell'insicurezza. La natura prolungata dello sfollamento ha creato un senso di disperazione in molti sfollati interni, che lottano per ricostruire le loro vite di fronte a sfide schiaccianti.

La crisi dei rifugiati nei Paesi vicini

Il conflitto nella RDC ha portato anche a una significativa crisi di rifugiati nei Paesi vicini, tra cui Uganda, Ruanda, Tanzania e Burundi. Questi Paesi hanno accolto centinaia di migliaia di rifugiati congolesi, spesso mettendo a dura prova le proprie risorse e infrastrutture.

- **Condizioni nei campi profughi**: I rifugiati della RDC vivono spesso in campi o insediamenti nei Paesi limitrofi, dove devono affrontare problemi simili a quelli degli sfollati interni. Sovraffollamento, accesso limitato ai servizi di base e insicurezza alimentare sono problemi comuni in questi campi. I rifugiati devono anche affrontare ostacoli legali e burocratici, tra cui restrizioni al movimento, all'accesso al lavoro e all'integrazione nelle comunità locali.
- **Protezione e sicurezza**: Come gli sfollati interni, i rifugiati sono vulnerabili alla violenza e allo sfruttamento. Donne e bambini sono particolarmente a rischio di violenza sessuale, traffico di esseri umani e lavoro forzato. La vicinanza di alcuni campi profughi a zone di conflitto pone anche rischi per la sicurezza, poiché i gruppi armati possono attraversare i confini per prendere di mira i rifugiati o reclutare combattenti.
- **Impatto psicosociale**: L'esperienza dello sfollamento, unita al trauma della fuga dal conflitto, ha un profondo impatto psicosociale sui rifugiati. Molti soffrono di depressione, ansia e PTSD, con un accesso limitato ai servizi di salute mentale. L'incertezza della loro situazione, compresa la possibilità di essere rimpatriati in regioni instabili, aumenta lo stress e l'ansia dei rifugiati.
- **Risposta internazionale**: La comunità internazionale ha fornito un sostegno significativo ai Paesi che ospitano i rifugiati attraverso organizzazioni come l'Alto Commissariato delle Nazioni Unite per i Rifugiati (UNHCR), che coordina

l'assistenza umanitaria e la protezione dei rifugiati. Tuttavia, la portata della crisi e la natura prolungata dello sfollamento fanno sì che le risorse siano spesso insufficienti a soddisfare le esigenze dei rifugiati. La carenza di fondi, la stanchezza dei donatori e il cambiamento delle priorità globali hanno influito anche sulla capacità dei Paesi ospitanti e delle organizzazioni internazionali di fornire un sostegno adeguato.

Risposta umanitaria e sfide
La risposta umanitaria alla crisi degli sfollati nella RDC ha coinvolto un'ampia gamma di attori, tra cui agenzie ONU, ONG internazionali e organizzazioni locali. Nonostante gli sforzi di queste organizzazioni, la portata e la complessità della crisi hanno reso difficile fornire un'assistenza completa a tutti coloro che ne hanno bisogno.

- **Coordinamento e capacità**: Il coordinamento della risposta umanitaria nella RDC rappresenta una sfida significativa a causa del gran numero di attori coinvolti e del difficile contesto operativo. L'Ufficio delle Nazioni Unite per il coordinamento degli affari umanitari (OCHA) svolge un ruolo chiave nel coordinamento degli sforzi, ma le dimensioni del Paese e la diversità dei bisogni rendono difficile il coordinamento. Inoltre, la capacità delle organizzazioni locali e delle istituzioni governative di rispondere alla crisi è spesso limitata e richiede un significativo sostegno internazionale.
- **Finanziamenti e risorse**: La risposta umanitaria nella RDC è stata ostacolata dalla cronica mancanza di fondi. Nonostante la gravità della crisi, gli appelli umanitari per la RDC ricevono spesso solo una frazione dei fondi necessari. Questo ha portato a lacune nella fornitura di servizi, con molti sfollati che non sono in grado di accedere a cibo, riparo, assistenza sanitaria e istruzione adeguati. La mancanza di risorse limita anche la capacità delle organizzazioni umanitarie di aumentare le

operazioni in risposta a nuovi sfollamenti o al deterioramento delle condizioni.
- **Sicurezza e accesso**: L'insicurezza è uno dei principali ostacoli alla fornitura di aiuti umanitari nella RDC. I gruppi armati prendono spesso di mira i convogli di aiuti, saccheggiano le forniture e attaccano gli operatori umanitari, rendendo pericoloso operare in molte aree. Inoltre, la mancanza di infrastrutture, tra cui strade e ponti, rende difficile raggiungere le comunità più remote. La combinazione di insicurezza e difficoltà logistiche fa sì che molti sfollati, soprattutto nelle regioni colpite dal conflitto, ricevano poca o nessuna assistenza.

Prospettive di ritorno e reintegrazione

L'obiettivo finale per molti sfollati della RDC è quello di tornare alle proprie case e ricostruire la propria vita. Tuttavia, le prospettive di rientro e reintegrazione sono spesso incerte a causa del conflitto in corso, della mancanza di infrastrutture e delle dispute territoriali irrisolte.

- **Ritorno volontario**: Il ritorno volontario è la soluzione preferita da molti sfollati, ma è possibile solo quando le condizioni nelle aree di provenienza sono sicure e stabili. In alcune regioni, gli sfollati hanno iniziato a rientrare nelle loro case con il miglioramento della sicurezza, ma il processo è spesso lento e pieno di difficoltà. Le famiglie che rientrano possono trovare le loro case distrutte, la terra occupata da altri e le comunità profondamente divise dal conflitto. Ricostruire le vite dopo anni di sfollamento richiede un sostegno significativo, compreso l'accesso ad alloggi, mezzi di sussistenza e servizi.
- **Reintegrazione e riconciliazione**: Il successo della reintegrazione degli sfollati nelle loro comunità d'origine non

si limita al semplice ritorno fisico. Si tratta di affrontare l'impatto sociale, economico e psicologico dello sfollamento e di garantire che i rimpatriati siano accettati e sostenuti dalle loro comunità. Gli sforzi di riconciliazione sono fondamentali nelle regioni in cui lo sfollamento è stato causato da violenze etniche o comunitarie, poiché le tensioni possono persistere a lungo dopo la fine del conflitto. Gli sforzi per promuovere la coesione sociale, risolvere le dispute fondiarie e ricostruire la fiducia sono essenziali per una reintegrazione duratura.

- **Le sfide delle soluzioni durature**: Per molti sfollati, il ritorno potrebbe non essere possibile a causa della continua insicurezza, della distruzione delle proprietà o del timore di persecuzioni. In questi casi, potrebbero essere necessarie altre soluzioni durature, come l'integrazione locale o il reinsediamento. Tuttavia, queste opzioni sono spesso limitate da vincoli legali, politici e di risorse. L'integrazione locale può essere difficile a causa della competizione per la terra e le risorse, mentre il reinsediamento in Paesi terzi è disponibile solo per una piccola parte dei rifugiati.

Conclusioni

La crisi degli sfollati nella RDC è una delle più gravi e prolungate al mondo e riguarda milioni di persone che sono state costrette a fuggire dalle loro case a causa della violenza, dell'insicurezza e del collasso economico. Le sfide affrontate dagli sfollati, sia all'interno del Paese che negli Stati confinanti, sono immense e la risposta umanitaria, per quanto significativa, ha faticato a soddisfare i loro bisogni.

Nel prossimo capitolo, esamineremo il ruolo della Corte penale internazionale (CPI) e di altri meccanismi di giustizia internazionale nell'affrontare i crimini commessi durante il conflitto nella RDC. Esploreremo le sfide per ottenere la responsabilità, l'impatto degli sforzi della giustizia sul campo e le implicazioni più ampie per la pace e la riconciliazione nel Paese.

Capitolo 13: La Corte penale internazionale e le responsabilità

La Repubblica Democratica del Congo (RDC) è stata teatro di alcune delle più gravi violazioni dei diritti umani della storia recente, tra cui crimini di guerra, crimini contro l'umanità e genocidio. La portata e la gravità di questi crimini hanno richiesto il coinvolgimento della Corte penale internazionale (Cpi) e di altri meccanismi di giustizia internazionale per ritenere i responsabili responsabili e fornire una misura di giustizia alle vittime. Questo capitolo esamina il ruolo della Corte penale internazionale nell'affrontare i crimini commessi durante il conflitto nella RDC, le sfide per ottenere la responsabilità e le implicazioni più ampie per la pace e la riconciliazione nel Paese.

L'istituzione della Corte penale internazionale

La Corte penale internazionale, istituita con lo Statuto di Roma nel 2002, è il primo tribunale internazionale permanente con il mandato di perseguire individui per i più gravi reati di rilevanza internazionale, tra cui genocidio, crimini di guerra e crimini contro l'umanità. La RDC è stata uno dei primi casi deferiti alla CPI, con l'avvio delle indagini sul conflitto del Paese nel 2004.

- **Lo Statuto di Roma e la giurisdizione**: Lo Statuto di Roma, che ha istituito la CPI, fornisce il quadro giuridico per le operazioni del tribunale. La giurisdizione della CPI è limitata ai crimini commessi dopo il 1° luglio 2002 e può perseguire solo persone provenienti da Paesi che hanno ratificato lo

Statuto di Roma o in cui il Consiglio di Sicurezza delle Nazioni Unite ha deferito una situazione. Nel caso della RDC, il governo stesso ha deferito la situazione alla CPI, segnalando la volontà di cooperare con gli sforzi della giustizia internazionale.

- **Concentrarsi sulla responsabilità individuale**: Il mandato della CPI è di perseguire individui, non Stati o organizzazioni, per il loro ruolo nel commettere gravi crimini internazionali. Questa attenzione alla responsabilità individuale mira a garantire che i responsabili dei crimini più efferati non sfuggano alla giustizia, indipendentemente dalla loro posizione o dal loro potere. Nel contesto della RDC, ciò ha significato colpire i principali leader militari e politici che hanno la maggiore responsabilità della violenza.

Casi e procedimenti chiave nella RDC

Il coinvolgimento della CPI nella RDC ha portato a diversi casi di alto profilo, che hanno preso di mira figure chiave responsabili di atrocità durante il conflitto. Se da un lato questi procedimenti rappresentano passi importanti verso la giustizia, dall'altro hanno evidenziato le sfide e i limiti della giustizia internazionale.

- **Thomas Lubanga Dyilo**: Thomas Lubanga, leader dell'Unione dei patrioti congolesi (UPC), è stato il primo a essere condannato dalla CPI. Nel 2012 è stato riconosciuto colpevole di aver reclutato e utilizzato bambini soldato nei conflitti armati, un crimine di guerra secondo il diritto internazionale. Il processo di Lubanga è stato importante perché ha messo in luce il problema dei bambini soldato nella RDC e ha creato un precedente per il perseguimento di coloro che sfruttano i bambini in guerra. Tuttavia, i critici hanno sostenuto che l'attenzione ai bambini soldato, pur essendo importante, ha trascurato altri gravi crimini commessi dalle forze di Lubanga, tra cui violenze sessuali e massacri.

- **Germain Katanga**: Germain Katanga, un altro leader della milizia dell'Ituri, è stato condannato dalla Corte penale internazionale nel 2014 per crimini di guerra e crimini contro l'umanità, tra cui omicidio, schiavitù sessuale e uso di bambini soldato. Il caso di Katanga si è distinto per l'enfasi posta sulle atrocità commesse contro i civili, in particolare durante l'attacco del 2003 al villaggio di Bogoro. Sebbene Katanga sia stato condannato, la Corte penale internazionale lo ha assolto da alcune accuse, suscitando reazioni contrastanti da parte delle vittime e dei gruppi per i diritti umani.
- **Bosco Ntaganda**: Bosco Ntaganda, noto come "Terminator", è stato un noto signore della guerra che ha guidato diversi gruppi ribelli nella RDC orientale. Si è consegnato alla CPI nel 2013 ed è stato condannato nel 2019 per molteplici accuse di crimini di guerra e crimini contro l'umanità, tra cui omicidio, stupro e schiavitù sessuale. La condanna di Ntaganda è stata significativa non solo per l'accusa completa dei suoi crimini, ma anche per il riconoscimento della violenza sessuale come elemento centrale del conflitto nella RDC.
- **Altri casi e indagini**: La CPI ha portato avanti anche altri casi relativi alla RDC, tra cui il processo al leader della milizia Mathieu Ngudjolo Chui, assolto nel 2012, e le indagini in corso su altri sospetti. Questi casi hanno sottolineato sia il potenziale della CPI nel consegnare i colpevoli alla giustizia, sia la complessità di perseguire individui per crimini commessi in un conflitto caotico e prolungato.

Sfide per il raggiungimento della responsabilità

Sebbene il coinvolgimento della Corte penale internazionale nella RDC abbia rappresentato un passo significativo verso la giustizia, il perseguimento della responsabilità nel Paese deve affrontare numerose sfide. Queste sfide derivano sia dai limiti della Corte penale internazionale sia dal contesto più ampio del conflitto.

- **Portata e risorse limitate:** La capacità della CPI di affrontare tutti i crimini commessi durante il conflitto nella RDC è limitata dalle sue risorse e dal suo mandato. La Corte può perseguire solo un numero limitato di persone, spesso concentrandosi su quelle ritenute maggiormente responsabili. Questo lascia molti responsabili, in particolare comandanti e combattenti di basso livello, fuori dalla portata della giustizia internazionale. Inoltre, il fatto che la CPI faccia affidamento sulla cooperazione degli Stati può essere problematico in contesti in cui il governo non è disposto o non è in grado di fornire assistenza.
- **Complessità dei casi:** Il perseguimento dei crimini commessi nella RDC è intrinsecamente complesso a causa della natura caotica del conflitto, del coinvolgimento di molteplici gruppi armati e della difficoltà di raccogliere prove affidabili. Molti crimini sono avvenuti in aree remote, dove l'accesso è limitato e le testimonianze possono essere difficili da ottenere. Le sfide per assicurare le prove e garantire processi equi hanno rappresentato un ostacolo significativo al lavoro della CPI.
- **Interferenze politiche e impunità:** Il perseguimento della giustizia nella RDC è spesso ostacolato da interferenze politiche e dalla cultura dell'impunità che si è radicata nel Paese. Personaggi potenti coinvolti in crimini possono usare la loro influenza per ostacolare le indagini o sfuggire alla giustizia. Inoltre, l'integrazione degli ex ribelli nell'esercito e nel governo nazionale ha talvolta protetto i responsabili dalle responsabilità, complicando gli sforzi per perseguire la giustizia.
- **Percezione locale della giustizia:** Il lavoro della CPI nella

RDC è stato accolto con reazioni contrastanti dalla popolazione locale. Mentre alcuni considerano gli sforzi della Corte come un passo necessario verso la giustizia, altri la criticano per la sua distanza e lentezza. C'è anche il timore che l'attenzione a pochi casi di alto profilo possa trascurare le esigenze di una popolazione più ampia, che ha vissuto profonde sofferenze e cerca giustizia e riparazione.

Il ruolo dei tribunali nazionali e dei meccanismi di giustizia

Oltre alla Corte penale internazionale, i tribunali nazionali della RDC hanno un ruolo cruciale da svolgere nell'affrontare i crimini commessi durante il conflitto. Rafforzare la capacità del sistema giudiziario congolese è essenziale per garantire che la giustizia sia assicurata a tutti i livelli.

- **Rafforzare il sistema giudiziario nazionale**: Il sistema giudiziario congolese deve affrontare numerose sfide, tra cui la corruzione, la mancanza di risorse e le interferenze politiche. Gli sforzi per rafforzare il sistema giudiziario, compresa l'istituzione di tribunali specializzati per i crimini di guerra e la formazione di giudici e pubblici ministeri, sono fondamentali per migliorare l'accesso alla giustizia. Il sostegno internazionale, compresi l'assistenza tecnica e i finanziamenti, può svolgere un ruolo importante nello sviluppo delle capacità dei tribunali nazionali.
- **Tribunali militari e giustizia**: In alcuni casi, i tribunali militari della RDC hanno assunto un ruolo guida nel perseguire i crimini commessi da soldati e gruppi armati. Questi tribunali hanno condannato diverse persone per crimini di guerra e altri reati gravi, dimostrando che la responsabilità è possibile all'interno del sistema nazionale. Tuttavia, l'uso dei tribunali militari solleva preoccupazioni circa l'equità e il giusto processo, in particolare quando si tratta

di imputati civili.

- **Giustizia di transizione e riconciliazione**: Oltre ai procedimenti penali, i meccanismi di giustizia transitoria, come le commissioni per la verità e i programmi di riparazione, possono svolgere un ruolo importante nell'affrontare l'eredità della violenza nella RDC. Questi meccanismi forniscono alle vittime una piattaforma per condividere le loro esperienze, promuovere la guarigione e la riconciliazione e riconoscere le sofferenze di coloro che sono stati colpiti dal conflitto. Tuttavia, il successo degli sforzi per la giustizia di transizione dipende dalla volontà politica, dalle risorse adeguate e dal coinvolgimento di tutte le parti interessate.

L'impatto degli sforzi per la giustizia sulla pace e la riconciliazione

Il perseguimento della giustizia nella RDC è strettamente legato agli sforzi più ampi per raggiungere la pace e la riconciliazione nel Paese. La responsabilità per i crimini commessi durante il conflitto è essenziale per spezzare il ciclo della violenza e prevenire future atrocità.

- **Deterrenza e prevenzione**: Uno degli obiettivi principali della giustizia internazionale è quello di scoraggiare i crimini futuri, ritenendo i responsabili responsabili. Perseguendo i responsabili dei reati più gravi, la CPI e i tribunali nazionali inviano il messaggio che l'impunità non sarà tollerata. Ciò può contribuire alla prevenzione di future violenze e alla promozione di una cultura del rispetto dei diritti umani.
- **Riparazioni e restituzioni**: L'impegno per la giustizia nella RDC dovrebbe concentrarsi anche sulla fornitura di risarcimenti e restituzioni alle vittime del conflitto. Ciò include il risarcimento delle perdite, l'accesso a cure mediche e psicologiche e il sostegno alla ricostruzione delle comunità. I

risarcimenti possono contribuire a risolvere i danni subiti dalle vittime e a promuovere la ripresa sociale ed economica.
- **Le sfide dell'equilibrio tra giustizia e pace**: In alcuni casi, esiste una tensione tra la ricerca della giustizia e il desiderio di raggiungere la pace. I negoziati con i gruppi armati possono comportare compromessi, come la concessione di un'amnistia o l'integrazione degli ex ribelli nel governo, che possono compromettere gli sforzi per far sì che i responsabili siano chiamati a rispondere delle loro azioni. Bilanciare l'esigenza di giustizia con le realtà della costruzione della pace è un compito complesso e delicato che richiede un'attenta considerazione delle implicazioni a lungo termine per il Paese.
- **Costruire fiducia e legittimità**: Il successo degli sforzi per la giustizia nella RDC dipende dalla costruzione della fiducia e della legittimità della popolazione. A tal fine è necessario garantire che la giustizia sia considerata equa, imparziale e accessibile a tutti. Inoltre, è necessario impegnarsi con le comunità locali e garantire che le loro voci siano ascoltate nel processo di giustizia e riconciliazione. Costruire la fiducia nel sistema giudiziario è essenziale per promuovere la pace e la stabilità a lungo termine.

Conclusioni

Il ruolo della Corte penale internazionale e di altri meccanismi di giustizia internazionale nella RDC è cruciale per ritenere i colpevoli responsabili e fornire giustizia alle vittime del conflitto. Sebbene siano stati compiuti progressi significativi nell'incriminazione di figure chiave, rimangono molte sfide da affrontare per ottenere una responsabilità completa e rispondere alle esigenze della popolazione in generale.

Nel prossimo capitolo esploreremo il percorso verso la pace nella RDC, concentrandoci sugli sforzi per la riconciliazione e la ricostruzione. Esamineremo le iniziative volte a sanare le profonde ferite del conflitto, a ricostruire le infrastrutture del Paese e a creare una società più inclusiva e giusta per tutti i congolesi.

Capitolo 14: Il cammino verso la pace: Gli sforzi per la riconciliazione e la ricostruzione

La Repubblica Democratica del Congo (RDC) ha attraversato decenni di conflitto, lasciando profonde cicatrici nella popolazione e nelle infrastrutture. Mentre il Paese esce da questo prolungato periodo di violenza, il cammino verso la pace è irto di sfide ma anche di opportunità di riconciliazione e ricostruzione. Questo capitolo esplora gli sforzi in corso per sanare le divisioni causate dal conflitto, ricostruire le infrastrutture del Paese e creare una società più inclusiva e giusta. Esamina le strategie impiegate dal governo congolese, dalla società civile e dalla comunità internazionale per promuovere la pace e la stabilità e considera gli ostacoli che devono ancora essere superati.

Riconciliazione: Guarire le ferite del conflitto

La riconciliazione è una componente cruciale del processo di costruzione della pace nella RDC. Dopo anni di violenze e divisioni, la ricostruzione della fiducia tra le comunità e la promozione della coesione sociale sono essenziali per una pace duratura.

- **Commissioni per la verità e la riconciliazione**: Uno dei meccanismi principali per promuovere la riconciliazione è l'istituzione di commissioni per la verità e la riconciliazione. Queste commissioni forniscono una piattaforma alle vittime e ai responsabili per condividere le loro esperienze, riconoscere le sofferenze causate dal conflitto e chiedere perdono. Mentre le commissioni per la verità sono state implementate in vari contesti post-bellici in tutto il mondo, la RDC ha faticato a istituire una commissione nazionale completa a causa dell'instabilità politica e della mancanza di risorse. Tuttavia, in alcune regioni sono emerse iniziative locali e sforzi di verità basati sulla comunità, che hanno contribuito a promuovere il dialogo e la guarigione a livello di base.

- **Riconciliazione su base comunitaria:** In assenza di una commissione nazionale per la verità e la riconciliazione, gli sforzi di riconciliazione a livello comunitario hanno svolto un ruolo fondamentale nella RDC. I leader locali, le organizzazioni religiose e i gruppi della società civile hanno facilitato i dialoghi tra le comunità in conflitto, affrontando questioni come le dispute fondiarie, le tensioni etniche e la reintegrazione degli ex combattenti. Questi sforzi sono fondamentali per ristabilire la fiducia e ricostruire la coesione sociale in aree lacerate dalla violenza.

- **Il ruolo dei sistemi di giustizia tradizionali:** Anche i sistemi di giustizia tradizionali sono stati importanti nel processo di riconciliazione. In molte zone della RDC, i leader consuetudinari e i tribunali tradizionali svolgono un ruolo fondamentale nella risoluzione delle controversie e nell'amministrazione della giustizia. Questi sistemi, spesso più accessibili e affidabili dei tribunali formali, possono integrare gli sforzi della giustizia nazionale e internazionale, fornendo meccanismi culturalmente appropriati per la riconciliazione e la risoluzione dei conflitti.

- **Le sfide della riconciliazione:** Nonostante questi sforzi, la riconciliazione nella RDC deve affrontare sfide significative. Le profonde rimostranze, la continua insicurezza e la presenza di gruppi armati continuano a minare la fiducia e la coesione sociale. Inoltre, la mancanza di volontà politica e le limitate risorse disponibili per le iniziative di riconciliazione ostacolano i progressi. Per costruire una pace sostenibile, è essenziale affrontare queste sfide e garantire che gli sforzi di riconciliazione siano inclusivi, partecipativi e adeguatamente sostenuti.

Ricostruzione: Ricostruzione dell'infrastruttura nazionale

La ricostruzione fisica ed economica della RDC è un'altra componente critica del processo di costruzione della pace. Decenni di conflitto hanno lasciato le infrastrutture del Paese in rovina, ostacolando lo sviluppo e perpetuando la povertà. La ricostruzione di queste infrastrutture è essenziale per rivitalizzare l'economia, migliorare le condizioni di vita e creare le condizioni per una pace duratura.

- **Ripristinare le reti di trasporto**: Il conflitto nella RDC ha devastato le infrastrutture di trasporto del Paese, tra cui strade, ferrovie e ponti. Il ripristino di queste reti è una priorità assoluta per gli sforzi di ricostruzione, poiché trasporti affidabili sono essenziali per la ripresa economica, il commercio e l'accesso ai servizi di base. I donatori internazionali, le agenzie di sviluppo e il governo congolese hanno investito in progetti di costruzione di strade, nella riabilitazione di linee ferroviarie chiave e nella ricostruzione di ponti. Tuttavia, l'entità delle distruzioni significa che c'è ancora molto lavoro da fare, soprattutto nelle aree più remote e colpite dal conflitto.
- **Ricostruire i sistemi sanitari e educativi**: I sistemi sanitari e scolastici della RDC sono stati gravemente indeboliti dal conflitto, con molte strutture distrutte o lasciate in rovina. La ricostruzione di questi sistemi è fondamentale per migliorare il benessere della popolazione e garantire alle generazioni future l'opportunità di prosperare. Gli sforzi per ricostruire

le strutture sanitarie, formare gli operatori sanitari e ampliare l'accesso all'istruzione sono in corso, con il sostegno di organizzazioni internazionali e ONG. Queste iniziative sono essenziali per affrontare gli impatti a lungo termine del conflitto, tra cui gli alti tassi di malattie, malnutrizione e analfabetismo.

- **Rivitalizzare l'economia:** La ripresa economica è una pietra miliare degli sforzi di ricostruzione della RDC. Le vaste risorse naturali del Paese, tra cui minerali, agricoltura ed energia idroelettrica, offrono un notevole potenziale di sviluppo. Tuttavia, la realizzazione di questo potenziale richiede investimenti sostanziali in infrastrutture, riforme della governance e la creazione di un ambiente favorevole alle imprese. Il governo congolese, con il sostegno dei partner internazionali, si è concentrato su iniziative volte ad attrarre investimenti stranieri, diversificare l'economia e promuovere lo sviluppo sostenibile. Questi sforzi includono il miglioramento del contesto normativo, la lotta alla corruzione e il sostegno alle piccole e medie imprese (PMI).

- **Affrontare la questione delle abitazioni e dello sviluppo urbano:** Il conflitto ha causato lo sfollamento di milioni di persone, molte delle quali hanno perso le loro case e i loro mezzi di sostentamento. La ricostruzione di alloggi e infrastrutture urbane è essenziale per il ritorno e la reintegrazione delle popolazioni sfollate. Gli sforzi per costruire alloggi a prezzi accessibili, migliorare la pianificazione urbana e fornire l'accesso ai servizi di base nelle città e nei paesi sono fondamentali per sostenere la reintegrazione degli sfollati e promuovere la coesione sociale nelle aree urbane.

Governance e Stato di diritto: Costruire istituzioni forti

Una governance forte ed efficace è essenziale per sostenere la pace e supportare la ricostruzione nella RDC. Costruire istituzioni trasparenti, responsabili e rispondenti alle esigenze della popolazione è fondamentale per evitare il ritorno al conflitto.

- **Rafforzare lo Stato di diritto**: Lo Stato di diritto è un pilastro fondamentale della pace e della stabilità. Il rafforzamento del sistema giudiziario, la lotta alla corruzione e la garanzia di un'applicazione equa e coerente delle leggi sono fondamentali per creare fiducia nel governo e prevenire gli abusi di potere. Gli sforzi per riformare il sistema giudiziario, formare giudici e professionisti legali e migliorare l'accesso alla giustizia sono in corso, con il sostegno di donatori e organizzazioni internazionali. Tuttavia, sfide come l'interferenza politica, le risorse limitate e la mancanza di capacità continuano a ostacolare i progressi.
- **Promuovere il buon governo**: La promozione del buon governo è essenziale per garantire che le istituzioni della RDC siano efficaci e rispondenti alle esigenze della popolazione. Ciò include sforzi per combattere la corruzione, migliorare la pubblica amministrazione e aumentare la trasparenza nella gestione delle risorse pubbliche. Iniziative come l'Iniziativa per la trasparenza delle industrie estrattive (EITI) mirano a promuovere la trasparenza nella gestione delle risorse naturali del Paese, mentre le campagne anticorruzione cercano di responsabilizzare i funzionari pubblici per le loro azioni.
- **Decentramento e governance locale**: Il decentramento è una componente chiave della riforma della governance nella RDC. Con la devoluzione dei poteri ai governi locali, il governo congolese mira a migliorare l'erogazione dei servizi, a rafforzare la responsabilità locale e a consentire alle comunità di assumere un ruolo attivo nel proprio sviluppo. Tuttavia, il

successo del decentramento dipende dalla capacità dei governi locali di gestire le risorse in modo efficace, dalla disponibilità di sostegno finanziario e tecnico e dalla volontà delle autorità nazionali di rinunciare al controllo.

- **Società civile e partecipazione pubblica**: Le organizzazioni della società civile (OSC) svolgono un ruolo cruciale nella promozione del buon governo, nella difesa dei diritti umani e nella responsabilizzazione del governo. Nella RDC, le OSC sono state attive nel monitoraggio delle elezioni, nella difesa della trasparenza e nella fornitura di servizi essenziali alle comunità. Sostenere la crescita e lo sviluppo della società civile è essenziale per garantire che la voce della gente comune congolese sia ascoltata nel processo decisionale. Ciò include la protezione dei diritti delle OSC ad operare liberamente, la fornitura di finanziamenti e assistenza tecnica e l'incoraggiamento della partecipazione pubblica alla governance.

Sostegno e cooperazione internazionale

La comunità internazionale ha svolto un ruolo fondamentale nel sostenere gli sforzi di ricostruzione e pacificazione della RDC. Attraverso l'assistenza finanziaria, il sostegno tecnico e l'impegno diplomatico, gli attori internazionali hanno contribuito alla stabilizzazione e alla ripresa del Paese.

- **Supporto al mantenimento della pace e della sicurezza**: La Missione di stabilizzazione dell'Organizzazione delle Nazioni Unite nella Repubblica Democratica del Congo (MONUSCO) ha svolto un ruolo fondamentale nel mantenimento della sicurezza e nel sostegno al processo di pace nella RDC. Il mandato della MONUSCO comprende la protezione dei civili, il disarmo dei combattenti e il sostegno agli sforzi del governo per ripristinare l'autorità statale nelle aree colpite dal conflitto. Sebbene la MONUSCO sia stata criticata per i suoi limiti e le sue sfide, la sua presenza è stata fondamentale per prevenire ulteriori violenze e sostenere la fragile pace del Paese.

- **Assistenza allo sviluppo e aiuti alla ricostruzione**: I donatori internazionali, tra cui la Banca Mondiale, l'Unione Europea e vari partner bilaterali, hanno fornito alla RDC una significativa assistenza allo sviluppo. Questi aiuti hanno sostenuto un'ampia gamma di iniziative, dai progetti infrastrutturali ai programmi sanitari, dalle riforme della governance allo sviluppo economico. Garantire che questa assistenza sia utilizzata in modo efficace e allineata alle esigenze del popolo congolese è essenziale per massimizzare il suo impatto e sostenere la ripresa a lungo termine del Paese.
- **Impegno diplomatico e risoluzione dei conflitti**: L'impegno diplomatico degli attori regionali e internazionali è stato fondamentale per facilitare gli accordi di pace, mediare le controversie e sostenere l'attuazione delle iniziative di peacebuilding. L'Unione Africana (UA), la Conferenza Internazionale sulla Regione dei Grandi Laghi (ICGLR) e altre organizzazioni regionali hanno svolto un ruolo importante nel promuovere il dialogo e la cooperazione tra i vicini della RDC, contribuendo ad affrontare le dinamiche transfrontaliere e a prevenire la diffusione del conflitto.

La strada da percorrere: Sfide e opportunità

Nel proseguire il cammino verso la pace e la ricostruzione, la RDC si trova ad affrontare sfide importanti e opportunità promettenti. La strada da percorrere richiederà un impegno costante, sia da parte del governo congolese che della comunità internazionale, nonché la partecipazione attiva della società civile e delle comunità locali.

- **Sostenere la pace e la stabilità**: Per garantire il

mantenimento della pace a lungo termine sarà necessario affrontare le cause profonde del conflitto, tra cui la povertà, la disuguaglianza e la debolezza della governance. Gli sforzi per rafforzare le istituzioni, promuovere lo sviluppo economico e favorire la coesione sociale sono fondamentali per evitare una ricaduta nella violenza. Inoltre, affrontare le esigenze delle popolazioni vulnerabili, tra cui donne, bambini e sfollati, è essenziale per costruire una società più inclusiva e giusta.

Bilanciare giustizia e riconciliazione: Trovare un equilibrio tra le richieste di giustizia e la necessità di riconciliazione sarà una sfida fondamentale per la RDC. Garantire che gli autori di gravi crimini siano chiamati a rispondere delle loro azioni, promuovendo al contempo la guarigione e la riconciliazione, richiede un approccio sfumato che tenga conto della complessità del conflitto. I meccanismi di giustizia transitoria, comprese le commissioni per la verità e i programmi di riparazione, possono svolgere un ruolo fondamentale in questo processo.

- **Sfruttare il potenziale delle risorse naturali**: Le vaste risorse naturali della RDC offrono un notevole potenziale di sviluppo economico, ma per sfruttarlo è necessaria una gestione responsabile e una distribuzione equa. Garantire che i benefici dell'estrazione delle risorse siano condivisi con le comunità locali e che gli impatti ambientali e sociali siano mitigati è essenziale per lo sviluppo sostenibile. Il rafforzamento della governance e della trasparenza nel settore delle risorse è fondamentale anche per prevenire la corruzione e i conflitti.
- **Responsabilizzare le comunità locali**: Dare alle comunità locali la possibilità di assumere un ruolo attivo nel proprio sviluppo è essenziale per costruire una società resiliente e inclusiva. Ciò include il sostegno alla governance locale, la

promozione di iniziative di sviluppo guidate dalla comunità e la garanzia che i gruppi emarginati abbiano voce nei processi decisionali. Rafforzando la capacità delle istituzioni locali e promuovendo un senso di appartenenza e di agenzia, la RDC può gettare le basi per un futuro più stabile e prospero.

Conclusione

Il cammino verso la pace e la ricostruzione nella RDC è complesso e impegnativo, ma promette un futuro più luminoso per il popolo congolese. Attraverso la riconciliazione, la ricostruzione e il buon governo, la RDC ha l'opportunità di guarire le ferite del passato, ricostruire le infrastrutture distrutte e creare una società più inclusiva e giusta. Il sostegno della comunità internazionale, unito alla resilienza e alla determinazione del popolo congolese, sarà essenziale per superare le sfide che ci attendono e realizzare il pieno potenziale di questa nazione ricca di risorse.

Nel prossimo capitolo, esploreremo il ruolo dei media nel plasmare la percezione del conflitto nella RDC, esaminando come il silenzio, il sensazionalismo e la verità abbiano influenzato la comprensione interna e internazionale delle lotte del Paese. Prenderemo in considerazione l'impatto della copertura mediatica sull'opinione pubblica, sulle decisioni politiche e sul più ampio processo di costruzione della pace, nonché le sfide di raccontare un conflitto così complesso e prolungato come quello della RDC.

Capitolo 15: Il ruolo dei media: Silenzio, sensazionalismo e verità

I media svolgono un ruolo cruciale nel plasmare la percezione del conflitto, influenzare l'opinione pubblica e incidere sulle decisioni politiche. Nel caso della Repubblica Democratica del Congo (RDC), i media sono stati sia un potente strumento di sensibilizzazione che una fonte di controversie a causa di questioni di silenzio, sensazionalismo e delle difficoltà nel raccontare un conflitto così complesso e prolungato. Questo capitolo esamina il ruolo dei media nel conflitto della RDC, analizzando il modo in cui sono state costruite le diverse narrazioni, l'impatto della copertura mediatica sulla risposta della comunità internazionale e le difficoltà affrontate dai giornalisti che lavorano in uno dei contesti più pericolosi al mondo.

Il silenzio della guerra dimenticata

Uno degli aspetti più sorprendenti del conflitto nella RDC è la scarsa attenzione che ha ricevuto rispetto ad altre crisi globali. Nonostante sia uno dei conflitti più letali dalla Seconda guerra mondiale, la situazione della RDC è stata spesso definita "guerra dimenticata". Questa mancanza di copertura mediatica ha implicazioni significative sia per la popolazione della RDC che per la risposta della comunità internazionale al conflitto.

- **Sottodenuncia e consapevolezza globale**: Il conflitto nella RDC non ha ricevuto lo stesso livello di copertura mediatica di altre crisi, come quelle in Siria, Afghanistan o Iraq. Questa mancanza di notizie ha contribuito alla mancanza di

consapevolezza globale sulla gravità della situazione nella RDC. Le ragioni di questo relativo silenzio sono complesse e includono la natura remota e inaccessibile di molte zone di conflitto nella RDC, la percezione di una mancanza di interesse strategico da parte delle potenze occidentali e la competizione per l'attenzione con altri conflitti di alto profilo.
- **Le conseguenze del silenzio**: Il silenzio dei media sulla RDC ha avuto conseguenze profonde. Senza un'ampia copertura mediatica, l'opinione pubblica ha esercitato meno pressione sui governi e sulle organizzazioni internazionali affinché intervenissero o fornissero assistenza umanitaria. La mancanza di attenzione ha anche fatto sì che le voci delle vittime e dei sopravvissuti congolesi non siano state ascoltate, limitando la loro capacità di chiedere giustizia, pace e sostegno. L'assenza di una copertura mediatica sostenuta ha permesso che il conflitto continuasse con un limitato controllo internazionale o responsabilità.
- **Rompere il silenzio**: Nonostante la generale mancanza di notizie, alcuni giornalisti, ONG e gruppi di difesa si sono impegnati per rompere il silenzio sulla RDC. Rapporti investigativi, documentari e campagne di sensibilizzazione hanno portato l'attenzione su aspetti specifici del conflitto, come l'uso di bambini soldato, la violenza sessuale e lo sfruttamento dei minerali dei conflitti. Questi sforzi hanno contribuito a sensibilizzare l'opinione pubblica e a mobilitare l'azione, ma spesso faticano a mantenere i riflettori accesi sulla RDC in un ambiente giornalistico globale affollato.

Il sensazionalismo e l'etica del giornalismo

Quando il conflitto della RDC riceve l'attenzione dei media, viene spesso ritratto in termini sensazionalistici, concentrandosi sugli aspetti più scioccanti e violenti della crisi. Se da un lato queste storie possono catturare l'attenzione del pubblico, dall'altro sollevano questioni etiche sulla rappresentazione del conflitto e sulle potenziali conseguenze di un reportage sensazionalistico.

- **I pericoli del sensazionalismo**: I servizi sensazionalistici sulla RDC spesso enfatizzano gli aspetti più raccapriccianti e orribili del conflitto, come i massacri, gli stupri di massa e lo sfruttamento dei bambini soldato. Sebbene queste storie siano innegabilmente importanti, concentrarsi solo su questi aspetti può creare un'immagine distorta del conflitto, riducendolo a una serie di eventi violenti senza contesto o comprensione delle cause sottostanti. Il sensazionalismo può anche desensibilizzare il pubblico, portando a un senso di disperazione o di "stanchezza da compassione", dove la portata della violenza diventa schiacciante e porta al disimpegno piuttosto che all'azione.
- **Considerazioni etiche nel reportage**: Raccontare i conflitti in modo responsabile ed etico richiede di bilanciare la necessità di trasmettere la gravità della situazione con l'obbligo di fornire una copertura accurata, sfumata e rispettosa. I giornalisti devono affrontare le sfide del reportage in ambienti pericolosi e complessi, evitando di sfruttare la sofferenza delle vittime per ottenere titoli sensazionali. Un reportage etico dovrebbe dare priorità alla dignità di coloro che sono stati colpiti dal conflitto, assicurando che le loro storie siano raccontate in modo da rispettare la loro umanità e il loro potere.
- **Il ruolo dei giornalisti locali**: I giornalisti locali nella RDC svolgono un ruolo fondamentale nel fornire una copertura sul campo del conflitto. Tuttavia, spesso devono affrontare rischi significativi, tra cui le minacce dei gruppi armati, la censura del governo e la mancanza di risorse. Nonostante queste sfide, i

giornalisti locali sono stati fondamentali per documentare le violazioni dei diritti umani, sensibilizzare l'opinione pubblica sulla situazione nelle loro comunità e dare voce a coloro che sono spesso emarginati. Sostenere e proteggere i giornalisti locali è essenziale per garantire che le realtà del conflitto siano riportate in modo accurato e completo.

La verità e le sue sfide

La cronaca del conflitto nella RDC è irta di sfide, dalla navigazione in un panorama complesso e in continua evoluzione di gruppi armati alla verifica delle informazioni in un contesto in cui l'accesso è limitato e le fonti possono essere inaffidabili. La ricerca della verità in un simile contesto è un compito difficile ma essenziale.

- **Complessità e frammentazione del conflitto**: Il conflitto nella RDC è molto complesso e coinvolge una moltitudine di attori, tra cui le forze governative, i gruppi ribelli, le potenze straniere e le multinazionali. Le motivazioni e le alleanze di questi attori possono cambiare rapidamente, rendendo difficile per i giornalisti fornire una copertura accurata e aggiornata. La comprensione del contesto storico, politico ed economico del conflitto è fondamentale per un reportage accurato, ma richiede tempo, risorse e competenze che spesso scarseggiano.
- **Accesso e verifica**: Una delle maggiori sfide per i giornalisti che si occupano della RDC è l'accesso alle zone di conflitto. Molte aree sono remote, inaccessibili e controllate da gruppi armati, il che rende difficile e pericoloso per i giornalisti fare reportage dal posto. Anche quando l'accesso è possibile, verificare le informazioni può essere difficile a causa della mancanza di fonti affidabili, della prevalenza della propaganda e del rischio di disinformazione. I giornalisti devono affidarsi a una combinazione di contatti locali, immagini satellitari,

rapporti delle organizzazioni umanitarie e osservazioni di prima mano per ricostruire la verità.

- **Il ruolo dei media internazionali:** Le organizzazioni mediatiche internazionali hanno un'influenza significativa sulla percezione globale del conflitto nella RDC. Quando scelgono di occuparsi della RDC, possono portare questioni importanti alla ribalta della coscienza globale, mobilitare l'azione internazionale e fornire una piattaforma per le voci congolesi. Tuttavia, la loro copertura è spesso sporadica e guidata da cicli di notizie che privilegiano le crisi a breve termine rispetto ai conflitti a lungo termine. Un'informazione sostenuta e approfondita sulla RDC da parte dei media internazionali è essenziale per garantire che il conflitto rimanga nell'agenda globale e che la complessità della situazione sia adeguatamente compresa.

L'impatto della copertura mediatica sulla politica e sull'opinione pubblica

La copertura mediatica del conflitto nella RDC ha un impatto diretto sull'opinione pubblica e sulle decisioni politiche. Il modo in cui il conflitto viene ritratto dai media può influenzare la percezione dei politici, delle organizzazioni umanitarie e del pubblico in generale, influenzando il livello di attenzione e le risorse dedicate alla crisi.

- **Dare forma alle risposte internazionali:** La copertura mediatica può svolgere un ruolo cruciale nel plasmare la risposta della comunità internazionale alla RDC. Quando il conflitto viene ampiamente trattato, può portare a una maggiore pressione diplomatica, allo stanziamento di aiuti umanitari e al dispiegamento di forze di pace. Al contrario, quando il conflitto è poco raccontato o travisato, può portare a una mancanza di urgenza o a risposte inadeguate che non affrontano le cause profonde della violenza.

- **Mobilitare il sostegno pubblico**: I media hanno il potere di mobilitare il sostegno pubblico agli sforzi umanitari e di advocacy nella RDC. Quando il pubblico è informato sulla situazione e sul suo impatto sui civili, è più probabile che faccia donazioni per i soccorsi, sostenga le campagne di sensibilizzazione e faccia pressione sui governi affinché agiscano. Tuttavia, ciò richiede una copertura mediatica che non sia solo informativa, ma che coinvolga il pubblico in modo da ispirare empatia e desiderio di aiutare.
- **Il ruolo dei nuovi media e dei social media**: Negli ultimi anni, i nuovi media e le piattaforme di social media sono diventati strumenti importanti per sensibilizzare e plasmare la percezione del conflitto nella RDC. I social media consentono una rapida diffusione delle informazioni, compresi i resoconti di prima mano di coloro che sono direttamente colpiti dal conflitto. Inoltre, offrono ai gruppi di difesa e agli attivisti una piattaforma per raggiungere un pubblico globale e mobilitare il sostegno. Tuttavia, i social media sono anche suscettibili di disinformazione e di diffusione di contenuti sensazionalistici o fuorvianti, che possono complicare gli sforzi per informare accuratamente il pubblico.

Il futuro della copertura mediatica nella RDC

Mentre la RDC continua ad affrontare le sfide della ripresa post-conflitto e della violenza in corso, il ruolo dei media rimarrà cruciale nel plasmare la narrazione e nell'assicurare che il mondo non dimentichi la situazione del popolo congolese.

- **La necessità di un'attenzione costante**: Uno degli insegnamenti principali del conflitto nella RDC è l'importanza di un'attenzione costante da parte dei media. Brevi periodi di copertura non sono sufficienti a cogliere la complessità del conflitto o a mantenere l'attenzione internazionale sulla crisi. Giornalisti, organizzazioni dei media e gruppi di difesa devono collaborare per garantire che la RDC rimanga nell'agenda globale e che le voci delle persone colpite dal conflitto siano ascoltate.

- **Sostenere il giornalismo etico:** Sostenere un giornalismo etico è essenziale per garantire che la copertura mediatica della RDC sia accurata, rispettosa e d'impatto. Ciò include la fornitura di formazione e risorse per i giornalisti, la protezione dei diritti e della sicurezza dei reporter e la promozione delle migliori pratiche di informazione sui conflitti. Il giornalismo etico dovrebbe dare priorità alla dignità e all'autonomia di coloro che sono stati colpiti dal conflitto, assicurando che le loro storie siano raccontate con accuratezza e rispetto.

- **Potenziamento dei media locali:** Il rafforzamento dei media locali nella RDC è fondamentale per fornire una copertura accurata e completa del conflitto. I giornalisti locali hanno una profonda conoscenza del contesto e sono spesso in una posizione migliore per raccontare la complessità della situazione. Sostenere i media locali attraverso la formazione, i finanziamenti e la protezione dalle minacce è essenziale per costruire una stampa forte e indipendente che possa chiedere conto al potere e dare voce alle comunità emarginate.

Conclusioni

Il ruolo dei media nel conflitto della RDC è potente, in grado di plasmare le percezioni, influenzare le politiche e mobilitare l'azione. Tuttavia, questo potere comporta responsabilità e sfide significative. Le questioni del silenzio, del sensazionalismo e della ricerca della verità sono centrali per la comprensione del conflitto sia all'interno della RDC che nel mondo.

Avviandoci verso la conclusione di questa esplorazione del conflitto nella RDC, il prossimo capitolo si concentrerà sul ruolo dei movimenti di base e della società civile nel processo di costruzione della pace nel Paese. Esamineremo il modo in cui gli attori locali hanno contribuito alla promozione della pace, della giustizia e dello sviluppo e le sfide che devono affrontare in un contesto di continua instabilità e di risorse limitate. Questi sforzi di base sono fondamentali per il futuro della RDC e offrono la speranza di una società più giusta e pacifica.

Capitolo 16: Movimenti di base e ruolo della società civile

Nella Repubblica Democratica del Congo (RDC), dove le istituzioni formali sono state spesso indebolite dal conflitto e dalla corruzione, i movimenti di base e le organizzazioni della società civile sono emersi come forze vitali per la costruzione della pace, la giustizia e lo sviluppo. Questi attori locali, che spesso operano in ambienti difficili e pericolosi, svolgono un ruolo cruciale nell'affrontare le cause profonde della violenza, nel difendere i diritti delle comunità emarginate e nel promuovere lo sviluppo sostenibile. Questo capitolo esplora i contributi dei movimenti di base e della società civile nella RDC, evidenziandone i successi, le sfide e il potenziale per plasmare un futuro più giusto e pacifico.

L'emergere dei movimenti di base

I movimenti di base nella RDC sono cresciuti in risposta all'incapacità dello Stato e della comunità internazionale di rispondere adeguatamente alle esigenze del popolo congolese. Questi movimenti sono spesso guidati dalle comunità, formati da individui che sono stati direttamente colpiti dal conflitto e che cercano di apportare cambiamenti dal basso.

- **Origini e motivazioni**: I movimenti di base nella RDC spesso emergono in risposta a specifiche sfide locali, come dispute fondiarie, tensioni etniche o necessità di servizi di base. Questi movimenti sono in genere formati da leader comunitari, attivisti e cittadini comuni, motivati dal desiderio di migliorare la propria vita e quella di chi li circonda. La mancanza di una governance efficace e il fallimento degli sforzi di peacebuilding dall'alto hanno spinto molti congolesi a prendere in mano la situazione, creando movimenti di base profondamente radicati nelle realtà locali.

- **Aree di intervento**: I movimenti di base nella RDC si concentrano su un'ampia gamma di questioni, tra cui la risoluzione dei conflitti, la difesa dei diritti umani, la protezione dell'ambiente e lo sviluppo economico. Alcuni movimenti sono incentrati su comunità o regioni specifiche, mentre altri affrontano questioni nazionali più ampie. Nonostante la loro diversità, questi movimenti condividono l'obiettivo comune di dare alle popolazioni locali la possibilità di assumere un ruolo attivo nel plasmare il proprio futuro.
- **Il ruolo delle donne e dei giovani**: Le donne e i giovani svolgono un ruolo particolarmente importante in molti movimenti di base nella RDC. Le organizzazioni femminili sono state in prima linea negli sforzi per affrontare la violenza sessuale, promuovere la parità di genere e sostenere la reintegrazione dei sopravvissuti al conflitto. Anche i movimenti giovanili sono stati determinanti nel sostenere le riforme politiche, l'istruzione e le opportunità di lavoro. Il coinvolgimento di questi gruppi è fondamentale per garantire che gli sforzi di costruzione della pace siano inclusivi e rispondano alle esigenze di tutti i segmenti della società.

Organizzazioni della società civile: Sostenitori del cambiamento

Le organizzazioni della società civile (OSC) nella RDC sono state fondamentali per difendere i diritti umani, fornire servizi essenziali e responsabilizzare il governo. Queste organizzazioni operano sia a livello locale che nazionale, spesso colmando le lacune lasciate da istituzioni statali deboli.

- **Difesa dei diritti umani:** Uno dei ruoli chiave delle OSC nella RDC è la difesa dei diritti umani. Organizzazioni come l'Associazione congolese per l'accesso alla giustizia (ACAJ) e l'Associazione africana per la difesa dei diritti umani (ASADHO) sono state attive nel documentare le violazioni dei diritti umani, nel fornire assistenza legale alle vittime e nel fare pressioni per le riforme legali e politiche. Queste organizzazioni svolgono un ruolo cruciale nella sensibilizzazione sui temi dei diritti umani, sia a livello nazionale che internazionale, e nel sollecitare l'assunzione di responsabilità e la giustizia per le vittime del conflitto.
- **Fornitura di servizi:** In molte parti della RDC, le OSC sono i principali fornitori di servizi essenziali, tra cui sanità, istruzione e assistenza umanitaria. Organizzazioni come Medici senza frontiere (MSF) e ONG locali sono state determinanti nel fornire assistenza medica alle popolazioni colpite dal conflitto, nel gestire scuole in aree in cui lo Stato è assente e nel fornire cibo e riparo agli sfollati. Questi sforzi sono spesso portati avanti in condizioni estremamente difficili, con risorse limitate e costanti minacce alla sicurezza.
- **Promuovere il buon governo e la responsabilità:** Le CSO della RDC sono attive anche nella promozione del buon governo e nella lotta alla corruzione. Attraverso iniziative come l'Iniziativa per la trasparenza delle industrie estrattive (EITI), i gruppi della società civile hanno spinto per una maggiore trasparenza nella gestione delle risorse naturali del Paese. Altre organizzazioni monitorano le elezioni, sostengono le riforme democratiche e lavorano per garantire che i funzionari governativi siano ritenuti responsabili delle

loro azioni. Questi sforzi sono fondamentali per costruire un sistema politico più trasparente e reattivo nella RDC.

- **Costruzione della pace e risoluzione dei conflitti**: Molte OSC nella RDC sono direttamente coinvolte negli sforzi di costruzione della pace e di risoluzione dei conflitti. Queste organizzazioni lavorano per mediare le dispute tra le comunità, facilitare il dialogo tra le parti in conflitto e promuovere la riconciliazione nelle regioni colpite dalla violenza. Affrontando le cause alla base del conflitto e promuovendo una cultura del dialogo e della cooperazione, le CSO svolgono un ruolo fondamentale nel prevenire il ripetersi della violenza e nel costruire una società più pacifica.

Successi e sfide degli sforzi della società civile e di base

Nonostante il contributo significativo dei movimenti di base e delle OSC nella RDC, questi sforzi non sono privi di sfide. I successi ottenuti da queste organizzazioni sono spesso conquistati a fatica e devono affrontare numerosi ostacoli nel loro lavoro.

- **Successi e impatto**: I movimenti di base e le OSC nella RDC hanno ottenuto importanti successi in vari settori. Ad esempio, le organizzazioni femminili hanno svolto un ruolo chiave nel garantire riforme legali che proteggono i diritti di donne e ragazze, comprese le leggi contro la violenza sessuale. I movimenti giovanili si sono mobilitati con successo contro la corruzione e hanno sostenuto il cambiamento politico, contribuendo a una maggiore consapevolezza e partecipazione politica tra i giovani. In alcune regioni, le iniziative locali di peacebuilding hanno aiutato a risolvere i conflitti e a promuovere la riconciliazione, portando a miglioramenti tangibili nella sicurezza e nella coesione sociale.
- **Sfide e ostacoli**: Tuttavia, questi successi sono spesso accompagnati da sfide significative. Uno dei maggiori ostacoli

affrontati dai movimenti di base e dalle CSO è la mancanza di risorse. Molte organizzazioni operano con budget ridotti, con un accesso limitato a finanziamenti, formazione e supporto tecnico. Questo limita la loro capacità di incrementare le attività e di sostenere gli sforzi a lungo termine. Inoltre, la situazione della sicurezza nella RDC rappresenta una minaccia costante per gli attivisti e le organizzazioni. I difensori dei diritti umani, i giornalisti e i leader delle comunità sono spesso presi di mira dai gruppi armati o dalle forze governative, subendo molestie, intimidazioni e violenze. La mancanza di tutele legali e la debolezza del sistema giudiziario aggravano ulteriormente questi rischi.

- **Barriere politiche e istituzionali**: Anche le barriere politiche e istituzionali ostacolano il lavoro dei movimenti di base e delle OSC. Il governo congolese è stato a volte ostile alla società civile, considerandola una minaccia alla sua autorità. Questo ha portato a restrizioni sulle attività delle CSO, tra cui l'imposizione di ostacoli burocratici, la censura e la criminalizzazione del dissenso. La mancanza di un quadro giuridico e normativo di supporto rende difficile per le organizzazioni operare liberamente ed efficacemente.

- **La necessità di collaborazione e solidarietà**: Per superare queste sfide, i movimenti di base e le OSC della RDC devono collaborare e costruire alleanze tra loro e con i partner internazionali. La solidarietà e il coordinamento tra le organizzazioni possono accrescere il loro impatto collettivo, rafforzare i loro sforzi di advocacy e fornire sostegno reciproco di fronte alle minacce e alle sfide. Anche le ONG internazionali, i donatori e le reti di advocacy hanno un ruolo fondamentale nel sostenere le iniziative locali, fornendo finanziamenti, formazione e protezione agli attori della società civile nella RDC.

Il futuro dei movimenti di base e della società civile nella RDC

Mentre la RDC continua ad affrontare le sfide della ripresa postbellica e dell'instabilità in atto, il ruolo dei movimenti di base e della società civile sarà sempre più importante. Questi attori locali hanno il potenziale per guidare un cambiamento significativo, affrontare le cause profonde del conflitto e costruire una società più giusta e pacifica.

- **Ampliare l'influenza e la portata**: Affinché i movimenti di base e le CSO abbiano un impatto maggiore, è essenziale espandere la loro influenza e il loro raggio d'azione. Ciò include l'aumento della loro capacità di impegnarsi con i responsabili politici, di partecipare a forum nazionali e internazionali e di formare l'opinione pubblica. Il rafforzamento della capacità organizzativa di questi gruppi, attraverso la formazione, i finanziamenti e l'accesso alle reti, sarà fondamentale per migliorarne l'efficacia e la sostenibilità.
- **Promuovere la partecipazione inclusiva**: Garantire che i movimenti di base e le CSO siano inclusivi e rappresentativi di tutti i segmenti della società è fondamentale per la loro legittimità e il loro impatto. Ciò significa coinvolgere attivamente donne, giovani, minoranze etniche e altri gruppi emarginati nei processi decisionali e nei ruoli di leadership. La partecipazione inclusiva non solo rafforza i movimenti stessi, ma contribuisce anche a una più ampia coesione e stabilità sociale.
- **Sfruttare la tecnologia e l'innovazione**: La tecnologia e l'innovazione offrono nuove opportunità ai movimenti di base e alle OSC nella RDC. Gli strumenti digitali, i social media e la tecnologia mobile possono essere utilizzati per mobilitare le comunità, documentare le violazioni dei diritti umani e promuovere il cambiamento. Queste tecnologie

possono anche migliorare la comunicazione e il coordinamento tra le organizzazioni, consentendo loro di rispondere in modo più efficace alle sfide emergenti. Tuttavia, è importante garantire che questi strumenti siano accessibili e sicuri, soprattutto in un contesto in cui la sorveglianza digitale e la censura sono preoccupazioni crescenti.

- **Sostenere l'impegno a lungo termine**: Le sfide che la RDC si trova ad affrontare sono profondamente radicate e richiederanno un impegno sostenuto a lungo termine per essere affrontate. I movimenti di base e le OSC devono essere preparati per il lungo periodo, con strategie adattabili ai cambiamenti delle circostanze e resilienti di fronte alle battute d'arresto. Anche i partner internazionali hanno un ruolo da svolgere nel fornire un sostegno costante e nel mantenere l'attenzione sulla RDC, anche quando l'attenzione globale si sposta su altre crisi.

Conclusioni

I movimenti di base e le organizzazioni della società civile sono al centro degli sforzi della RDC per costruire una società più pacifica, giusta e prospera. Pur dovendo affrontare sfide significative, questi attori locali hanno dato un contributo importante alla costruzione della pace, ai diritti umani e allo sviluppo. Il loro lavoro è essenziale per affrontare le cause profonde del conflitto, dare potere alle comunità emarginate e promuovere la responsabilità e il buon governo.

Nel capitolo finale, rifletteremo sulle lezioni apprese dal conflitto nella RDC e considereremo il futuro del Paese. Esamineremo i passi da compiere per garantire che la RDC possa superare il suo passato travagliato e costruire un futuro stabile e prospero per tutti i suoi cittadini. Il cammino da percorrere è lungo e difficile, ma con gli sforzi continui del popolo congolese e dei suoi partner, c'è speranza per un domani più luminoso.

Capitolo 17: Lezioni apprese e strada da percorrere

La Repubblica Democratica del Congo (RDC) ha attraversato uno dei periodi più difficili della sua storia, sopportando decenni di conflitto che hanno lasciato profonde cicatrici sulla sua popolazione e sul suo territorio. Mentre il Paese continua il suo cammino verso la pace, la stabilità e lo sviluppo, ci sono molti insegnamenti da trarre da questa esperienza. Questo capitolo finale riflette sui principali insegnamenti tratti dal conflitto della RDC, esamina le sfide e le opportunità attuali e delinea i passi necessari per garantire un futuro più luminoso al popolo congolese.

Insegnamenti tratti dal conflitto nella RDC

Il conflitto nella RDC offre numerosi insegnamenti per comprendere le complessità della guerra, della costruzione della pace e dello sviluppo in un contesto caratterizzato da profonde sfide storiche, sociali ed economiche. Questi insegnamenti sono rilevanti non solo per la RDC, ma anche per altre regioni colpite da conflitti in tutto il mondo.

- **L'importanza di affrontare le cause profonde**: Uno degli insegnamenti più critici del conflitto nella RDC è l'importanza di affrontare le cause profonde della violenza. Questioni come la povertà, la disuguaglianza, le tensioni etniche, la debolezza della governance e lo sfruttamento delle risorse naturali hanno alimentato il conflitto e continuano a minacciare la pace. Una pace sostenibile richiede un approccio globale che vada oltre la soluzione dei sintomi del conflitto per affrontare questi problemi di fondo. Ciò include la promozione dello sviluppo economico, la garanzia di un accesso equo alle risorse e la promozione della coesione sociale.

- **Il ruolo della governance inclusiva**: Un'altra lezione fondamentale è l'importanza di una governance inclusiva. Il conflitto nella RDC è stato esacerbato dall'esclusione di alcuni gruppi dal potere politico ed economico. La costruzione di una società stabile e giusta richiede un sistema politico inclusivo, trasparente e responsabile. Ciò significa garantire che tutti i segmenti della società, compresi donne, giovani, minoranze etniche e comunità emarginate, abbiano voce nei processi decisionali. Una governance inclusiva non solo promuove la stabilità, ma accresce anche la legittimità dello Stato e rafforza la coesione sociale.

- **La necessità di istituzioni forti**: Il conflitto nella RDC ha evidenziato il ruolo critico di istituzioni forti nel mantenimento della pace e della stabilità. La debolezza delle istituzioni statali, in particolare nei settori della giustizia, della sicurezza e della pubblica amministrazione, ha contribuito al persistere della violenza e della corruzione. Il rafforzamento di queste istituzioni è essenziale per costruire lo Stato di diritto, proteggere i diritti umani e fornire servizi essenziali alla popolazione. Il sostegno internazionale allo sviluppo istituzionale, compreso il potenziamento delle capacità e le iniziative anticorruzione, è fondamentale per la ripresa a lungo termine della RDC.

- **Il potere dei movimenti di base e della società civile**: Il ruolo dei movimenti di base e delle organizzazioni della società civile nella RDC non può essere sopravvalutato. Questi attori locali sono stati determinanti nel sostenere la pace, la giustizia e lo sviluppo, spesso di fronte a sfide importanti. Il loro lavoro sottolinea l'importanza degli approcci dal basso verso l'alto alla costruzione della pace, che sono radicati nelle realtà locali e guidati dai bisogni e dalle aspirazioni della popolazione. Sostenere e potenziare questi movimenti è essenziale per garantire che gli sforzi di costruzione della pace siano sostenibili e rispondano alle esigenze di tutti i cittadini congolesi.

- **L'impatto dell'impegno internazionale**: Il conflitto della RDC ha dimostrato anche l'impatto dell'impegno internazionale, sia positivo che negativo. Se da un lato gli interventi internazionali, come le missioni di pace e gli aiuti umanitari, hanno svolto un ruolo fondamentale nella stabilizzazione del Paese e nell'alleviare le sofferenze, dall'altro sono stati criticati perché insufficienti, mal coordinati o scollegati dalle realtà locali. La lezione è che il sostegno internazionale deve essere ben coordinato, culturalmente sensibile e allineato con le priorità delle comunità locali. Inoltre, l'impegno a lungo termine e la coerenza dell'impegno internazionale sono essenziali per raggiungere una pace duratura.

Sfide e opportunità attuali

La RDC guarda al futuro e deve affrontare una serie di sfide e opportunità. La strada da percorrere è difficile, ma con le giuste strategie e gli sforzi sostenuti, c'è il potenziale per compiere progressi significativi.

- **Insicurezza e gruppi armati**: Nonostante i progressi compiuti in alcune aree, l'insicurezza continua a rappresentare una sfida importante per la RDC. I gruppi armati continuano a operare nelle regioni orientali, perpetrando violenze e sfruttando le risorse naturali. Per affrontare questa insicurezza è necessario un approccio multiforme, che comprenda azioni militari, programmi di disarmo, smobilitazione e reinserimento (DDR) e sforzi per affrontare le cause economiche e sociali del conflitto. Rafforzare la capacità delle forze di sicurezza nazionali, garantendo al contempo il rispetto dei diritti umani, è fondamentale anche per ripristinare l'autorità dello Stato e proteggere i civili.

- **Sviluppo economico e riduzione della povertà**: Il potenziale economico della RDC è immenso, ma per realizzarlo sono necessari investimenti significativi in infrastrutture, istruzione e sanità. Lo sviluppo economico e la riduzione della povertà sono essenziali per creare posti di lavoro, migliorare gli standard di vita e ridurre il fascino dei gruppi armati. Gli sforzi per diversificare l'economia, promuovere lo sviluppo sostenibile e garantire che i benefici dell'estrazione delle risorse siano condivisi equamente sono fondamentali per il futuro del Paese. Anche il sostegno alle piccole e medie imprese (PMI) e la promozione dell'imprenditorialità possono contribuire alla crescita economica e alla resilienza.

- **Ricostruire la fiducia e la coesione sociale**: L'eredità del conflitto ha lasciato profonde divisioni all'interno della società congolese. Ricostruire la fiducia e la coesione sociale è essenziale per creare una società pacifica e inclusiva. Ciò richiede un impegno costante per promuovere la riconciliazione, affrontare le rimostranze e risolvere i conflitti a livello di comunità. L'istruzione, gli scambi culturali e le iniziative di dialogo possono svolgere un ruolo fondamentale nel favorire la comprensione reciproca e la cooperazione tra i diversi gruppi. Inoltre, promuovere l'inclusione sociale e garantire che tutti i cittadini abbiano pari accesso alle opportunità e alle risorse è fondamentale per prevenire futuri conflitti.

- **Sostenibilità ambientale e gestione delle risorse**: Le vaste risorse naturali della RDC sono state sia una benedizione che una maledizione. Se da un lato offrono significative opportunità di sviluppo economico, dall'altro hanno alimentato conflitti e degrado ambientale. Garantire una gestione sostenibile e trasparente di queste risorse è essenziale per il futuro del Paese. Ciò include l'implementazione di solide protezioni ambientali, la lotta allo sfruttamento illegale e la promozione di un uso responsabile delle risorse. Anche la cooperazione internazionale, in particolare nella regolamentazione dei minerali dei conflitti e del disboscamento illegale, è importante per affrontare le dimensioni globali dello sfruttamento delle risorse.
- **Empowerment giovanile e istruzione**: La RDC ha una popolazione giovane e dinamica, con i giovani che rappresentano una percentuale significativa della popolazione. L'emancipazione dei giovani e l'offerta di opportunità di istruzione, occupazione e impegno civico sono fondamentali per il futuro del Paese. L'istruzione è un motore fondamentale dello sviluppo sociale ed economico e garantire l'accesso a un'istruzione di qualità a tutti i bambini e i giovani è essenziale per spezzare il ciclo di povertà e violenza. Anche i programmi di empowerment giovanile, tra cui la formazione professionale e lo sviluppo della leadership, possono aiutare a sfruttare il potenziale dei giovani e a incanalare la loro energia in attività positive e costruttive.

Il cammino verso il futuro: Costruire un futuro stabile e prospero

Il futuro della RDC dipende dagli sforzi collettivi della popolazione, del governo, della società civile e dei partner internazionali. Il cammino da percorrere richiederà perseveranza, resilienza e l'impegno a costruire un futuro migliore per tutti i cittadini congolesi.

- **Rafforzare la governance e la responsabilità**: La creazione di strutture di governance forti e responsabili è essenziale per la stabilità e lo sviluppo della RDC. Ciò include la riforma del sistema politico per garantire maggiore trasparenza, responsabilità e partecipazione. Le misure anticorruzione, le riforme giudiziarie e gli sforzi per rafforzare lo Stato di diritto sono fondamentali per ripristinare la fiducia dei cittadini nel governo e creare una società più giusta.
- **Promuovere la pace e la sicurezza**: Garantire la pace e la sicurezza in tutto il Paese è una priorità assoluta. Ciò richiede un approccio globale che affronti le cause profonde del conflitto, sostenga la reintegrazione degli ex combattenti e promuova la riconciliazione a tutti i livelli. Rafforzare la capacità delle forze di sicurezza nazionali, garantendo il rispetto dei diritti umani, è essenziale per mantenere l'ordine pubblico. Inoltre, gli sforzi per combattere la criminalità organizzata, i traffici e lo sfruttamento illegale delle risorse sono fondamentali per creare un ambiente sicuro per lo sviluppo.
- **Promuovere la crescita economica e lo sviluppo**: La crescita economica e lo sviluppo sono fondamentali per migliorare il tenore di vita e ridurre la povertà nella RDC. Ciò richiede investimenti in infrastrutture, istruzione, sanità e altri servizi essenziali. Promuovere lo sviluppo sostenibile, diversificare l'economia e garantire che i benefici della crescita economica siano condivisi in modo equo sono importanti anche per creare un'economia più inclusiva e resiliente. I partenariati internazionali, gli accordi commerciali e gli investimenti stranieri possono svolgere un ruolo significativo nel sostenere

lo sviluppo economico della RDC.

- **Rafforzare le comunità e la società civile**: Il rafforzamento delle comunità locali e delle organizzazioni della società civile è essenziale per garantire che gli sforzi di sviluppo siano inclusivi e rispondenti alle esigenze della popolazione. Ciò include il sostegno ai movimenti di base, la promozione del processo decisionale partecipativo e la garanzia che i gruppi emarginati abbiano voce in capitolo nella definizione del proprio futuro. Le organizzazioni della società civile possono anche svolgere un ruolo chiave nel responsabilizzare il governo, nel difendere i diritti umani e nel promuovere la giustizia sociale.
- **Sostenere il sostegno e l'impegno internazionale**: La comunità internazionale ha un ruolo fondamentale nel sostenere la ripresa e lo sviluppo della RDC. Ciò include l'assistenza finanziaria, il supporto tecnico e l'impegno diplomatico. L'impegno a lungo termine e la coerenza dell'impegno internazionale sono essenziali per garantire che i progressi siano sostenuti e che la RDC resti nell'agenda globale. Inoltre, la cooperazione internazionale su questioni come la risoluzione dei conflitti, la gestione delle risorse e la protezione dell'ambiente è fondamentale per affrontare le dimensioni globali delle sfide della RDC.

Conclusioni: Una visione per il futuro

La Repubblica Democratica del Congo ha affrontato sfide immense, ma ha anche un grande potenziale. Le lezioni apprese dal conflitto, la resilienza della popolazione e l'impegno dei leader e dei partner costituiscono una base di speranza. Affrontando le cause profonde del conflitto, promuovendo una governance inclusiva, rafforzando le istituzioni e dando potere ai cittadini, la RDC può costruire un futuro stabile, prospero e giusto.

La strada da percorrere è lunga e difficile, ma con la perseveranza, la collaborazione e una visione condivisa per la pace e lo sviluppo, la RDC può superare il suo passato e creare un futuro più luminoso per tutta la sua popolazione. Il viaggio verso la pace non è solo un'impresa nazionale, ma uno sforzo collettivo che richiede la partecipazione e il sostegno dell'intera comunità globale. Insieme, possiamo fare in modo che la storia della RDC sia una storia di resilienza, recupero e rinnovamento, una storia che ispira speranza e dimostra il potere dell'unità di fronte alle avversità.

Epilogo: La speranza di una nuova alba nella RDC

La Repubblica Democratica del Congo (RDC), uscita dall'ombra del suo turbolento passato, si trova sulla soglia di una nuova era. Il viaggio verso la pace, la stabilità e la prosperità è in corso e, sebbene la strada da percorrere sia irta di sfide, c'è anche un profondo senso di speranza. Questa speranza è radicata nella resilienza del popolo congolese, nella forza dei movimenti di base e nel potenziale per un cambiamento significativo attraverso il sostegno e la collaborazione internazionale.

La resilienza del popolo congolese

Il cuore della storia della RDC è la resilienza del suo popolo. Nonostante decenni di conflitti, difficoltà economiche e instabilità politica, i congolesi hanno dimostrato una notevole forza e determinazione. Questa resilienza è evidente negli atti quotidiani di sopravvivenza e solidarietà che sostengono le comunità, nel coraggio di chi si batte per la giustizia e i diritti umani e nella creatività di chi lavora per ricostruire le proprie vite e il proprio Paese.

La resilienza del popolo congolese si riflette anche nel suo ricco patrimonio culturale, che ha resistito nonostante le devastazioni della guerra. Dalla musica alla danza, dall'arte alla letteratura, la cultura congolese è fonte di orgoglio e identità e offre un potente racconto di resistenza e speranza. Con il progredire della RDC, questa ricchezza culturale continuerà a svolgere un ruolo vitale nella formazione di un'identità nazionale inclusiva, diversificata e orientata al futuro.

Il ruolo dei giovani e delle donne nel plasmare il futuro

Il futuro della RDC è nelle mani dei giovani e delle donne, che costituiscono una parte significativa della popolazione. Questi gruppi sono stati tra i più colpiti dal conflitto, ma sono anche i principali promotori del cambiamento. L'empowerment dei giovani e delle donne è essenziale per lo sviluppo del Paese e per garantire la sostenibilità dei risultati ottenuti nella costruzione della pace e nella ricostruzione.

Empowerment dei giovani: I giovani della RDC sono la sua più grande risorsa. Con oltre il 60% della popolazione di età inferiore ai 25 anni, i giovani hanno il potenziale per trasformare il futuro del Paese. Investire nell'istruzione, nella formazione professionale e nell'imprenditorialità è fondamentale per sfruttare questo potenziale. I movimenti giovanili, che hanno già dimostrato la loro capacità di mobilitarsi per il cambiamento politico e sociale, continueranno a svolgere un ruolo cruciale nel sostenere le riforme democratiche, combattere la corruzione e promuovere la pace.

Leadership femminile: Le donne della RDC sono state in prima linea negli sforzi per affrontare le conseguenze del conflitto, in particolare nei settori dei diritti umani, della salute e dello sviluppo delle comunità. Durante la ricostruzione del Paese, è fondamentale garantire che le donne siano incluse nei processi decisionali a tutti i livelli. Ciò include la promozione dell'uguaglianza di genere nella governance, il sostegno all'emancipazione economica delle donne e l'attenzione ai bisogni e ai diritti specifici di donne e ragazze. La leadership delle donne sarà fondamentale per costruire una società più giusta ed equa.

Il potere dell'unità e della collaborazione

Il cammino verso la pace e lo sviluppo della RDC richiede unità e collaborazione, sia all'interno del Paese che con la comunità internazionale. Le sfide che la RDC deve affrontare sono troppo complesse per essere affrontate da un singolo attore; richiedono uno sforzo coordinato e collettivo.

Unità nazionale: La costruzione di un'identità nazionale unitaria è essenziale per la stabilità e lo sviluppo della RDC. Ciò implica la riconciliazione dei diversi gruppi etnici, culturali e linguistici del Paese e la promozione di un senso di scopo e destino comune. L'unità nazionale non significa cancellare le differenze, ma piuttosto abbracciare la diversità come punto di forza. Attraverso una governance inclusiva, uno sviluppo equo e la promozione della coesione sociale, la RDC può costruire una società in cui tutti i cittadini si sentano apprezzati e rispettati.

Collaborazione internazionale: Le sfide della RDC sono di natura globale e richiedono collaborazione e solidarietà internazionale. Questioni come i minerali dei conflitti, il degrado ambientale e la violenza transfrontaliera non possono essere risolte in modo isolato. La comunità internazionale ha la responsabilità di sostenere gli sforzi della RDC per raggiungere la pace e lo sviluppo, attraverso assistenza finanziaria, competenze tecniche e impegno diplomatico. Inoltre, l'esperienza della RDC offre preziosi insegnamenti per altri Paesi colpiti da conflitti, evidenziando l'importanza della partecipazione locale, dell'impegno costante e della necessità di un approccio olistico alla costruzione della pace.

Una visione per il futuro

Quando la RDC guarda al futuro, ha l'opportunità di costruire un Paese che rifletta le aspirazioni della sua popolazione, un Paese pacifico, prospero e giusto. Questa visione del futuro non è un ideale astratto, ma un obiettivo concreto che può essere raggiunto attraverso uno sforzo sostenuto, una leadership efficace e la partecipazione attiva di tutti i cittadini congolesi.

Pace e sicurezza: Una RDC pacifica e sicura è la base da cui dipendono tutti gli altri progressi. Per raggiungere una pace duratura è necessario affrontare le cause profonde del conflitto, garantire giustizia alle vittime e promuovere la riconciliazione tra tutte le comunità. La sicurezza deve essere garantita a tutti i cittadini, nel rispetto dei diritti umani e dello Stato di diritto.

Prosperità e sviluppo: Lo sviluppo economico è essenziale per migliorare la vita del popolo congolese. Ciò significa non solo sfruttare le risorse naturali del Paese, ma anche investire in capitale umano, infrastrutture e innovazione. Lo sviluppo deve essere inclusivo e sostenibile, garantendo che tutti i cittadini beneficino della ricchezza del Paese e che l'ambiente sia protetto per le generazioni future.

Giustizia e uguaglianza: La costruzione di una società giusta ed equa richiede un impegno nei confronti dei diritti umani, dello stato di diritto e dei principi della democrazia. Ciò include la lotta alla corruzione, la garanzia che tutti i cittadini abbiano accesso alla giustizia e la promozione della parità di genere e dei diritti dei gruppi emarginati. La giustizia non consiste solo nel punire coloro che hanno commesso dei crimini, ma anche nel creare una società in cui tutti abbiano l'opportunità di prosperare. Il sistema giudiziario congolese è parziale, malato e corrotto fino al midollo. Per questo motivo, non solo dovrebbe liberarsi della corruzione e smettere di essere la giustizia del miglior offerente, ma anche essere moralizzato ed equo per tutti. Tutti i congolesi dovrebbero essere uguali davanti alla legge e nessuno (indipendentemente da chi sia) dovrebbe essere intoccabile o al di sopra della legge.

Esercito e governo: L'esercito e il governo congolesi devono essere sottoposti a riforme profonde e sistemiche, dai gradi più alti ai livelli più locali. Devono dare priorità al servizio del popolo della Repubblica Democratica del Congo piuttosto che alla promozione di interessi personali o politici. Solo attraverso una vera responsabilità, trasparenza e dedizione all'unità e alla sicurezza nazionale, il Paese può sperare di porre fine ai cicli di violenza e sfruttamento. Queste istituzioni dovrebbero essere ristrutturate per proteggere il popolo congolese, salvaguardare la sovranità e promuovere lo sviluppo, mettendo la nazione al di sopra del profitto privato.

Conclusione: Una nuova alba per la RDC

La Repubblica Democratica del Congo si trova in una fase critica della sua storia. Le sfide sono immense, ma anche le opportunità. Con la resilienza del suo popolo, la leadership dei suoi giovani e delle sue donne e il sostegno della comunità internazionale, la RDC ha il potenziale per superare il suo passato travagliato e costruire un futuro luminoso e pieno di promesse.

Mentre il sole sorge su una nuova alba per la RDC, c'è la speranza che il Paese possa finalmente realizzare il suo pieno potenziale. Questa speranza non è solo un sogno, ma una visione che può diventare realtà grazie all'azione collettiva, alla perseveranza e all'impegno condiviso per la pace, la giustizia e lo sviluppo.

La strada da percorrere può essere lunga e difficile, ma a ogni passo in avanti la RDC si avvicina a un futuro in cui tutti i suoi cittadini potranno vivere in pace, dignità e prosperità. Questa è la visione di un nuovo Congo, un Congo unito, forte e pronto a prendere il suo posto di leader nel continente africano e nel mondo.

BIBLIOGRAFIA
Libri

1. **Autesserre, Séverine.** *The Trouble with the Congo: Local Violence and the Failure of International Peacebuilding.* Cambridge University Press, 2010.
2. **Clark, John F.** *The African Stakes of the Congo War.* Palgrave Macmillan, 2002.
3. **Dunn, Kevin C.** *Imagining the Congo: The International Relations of Identity.* Palgrave Macmillan, 2003.
4. **Hochschild, Adam.** *King Leopold's Ghost: A Story of Greed, Terror, and Heroism in Colonial Africa.* Houghton Mifflin Harcourt, 1998.
5. **Kisangani, Emizet F., and Scott F. Bobb.** *Historical Dictionary of the Democratic Republic of the Congo.* Rowman & Littlefield, 2016.
6. **Nzongola-Ntalaja, Georges.** *The Congo: From Leopold to Kabila: A People's History.* Zed Books, 2002.
7. **Prunier, Gérard.** *Africa's World War: Congo, the Rwandan Genocide, and the Making of a Continental Catastrophe.* Oxford University Press, 2009.
8. **Stearns, Jason K.** *Dancing in the Glory of Monsters: The Collapse of the Congo and the Great War of Africa.* PublicAffairs, 2011.
9. **Turner, Thomas.** *Congo.* Polity, 2013.
10. **Vlassenroot, Koen, and Timothy Raeymaekers.** *Conflict*

and Social Transformation in Eastern DR Congo. Academia Press, 2004.

Articoli e riviste accademiche

1. **Autesserre, Séverine.** "Dangerous Tales: Dominant Narratives on the Congo and Their Unintended Consequences." *African Affairs* 111, no. 443 (2012): 202-222.
2. **Berwouts, Kris.** "Understanding Violence in the Democratic Republic of Congo: An Overview." *International Journal of Security & Development* 5, no. 1 (2016).
3. **De Boeck, Filip.** "The Root Causes of the Congo's Wars: The Interplay of Local, National and Regional Dynamics." *African Studies Review* 56, no. 3 (2013): 165-182.
4. **Jackson, Stephen.** "Sons of Which Soil? The Language and Politics of Autochthony in Eastern D.R. Congo." *African Studies Review* 49, no. 2 (2006): 95-123.
5. **Pottier, Johan.** "Representations of Ethnicity in the Search for Peace: Ituri, Democratic Republic of Congo." *African Affairs* 109, no. 434 (2010): 23-50.
6. **Stearns, Jason K., and Christoph Vogel.** "The Landscape of Armed Groups in the Eastern Congo." *Congo Research Group,* New York University, 2017.
7. **Vlassenroot, Koen, and Timothy Raeymaekers.** "The Politics of Rebellion and Intervention in Ituri: The Emergence of a New Political Complex?" *African Affairs* 103, no. 412 (2004): 385-412.
8. **Verweijen, Judith.** "From Autochthony to Violence? 'Territorial Cleansing' and Ambivalent Indigeneity in Eastern DRC." *Journal of Eastern African Studies* 9, no. 3 (2015):

509-527.
9. **Vigh, Henrik E.** "Crisis and Chronicity: Anthropological Perspectives on Continuous Conflict and Decline." *Ethnos* 71, no. 1 (2006): 5-24.
10. **Weiss, Herbert.** "The Congo's Elections of 2006 and Their Aftermath." *Journal of Democracy* 18, no. 2 (2007): 140-154.

Rapporti e documenti di lavoro

1. **Human Rights Watch.** *The War within the War: Sexual Violence Against Women and Girls in Eastern Congo.* Human Rights Watch, 2002.
2. **International Crisis Group.** *Congo: The Long Road to Peace.* Africa Report N°213, International Crisis Group, 2014.
3. **United Nations Development Programme (UNDP).** *Human Development Report: Democratic Republic of Congo.* UNDP, 2015.
4. **UN Security Council.** *Final Report of the Group of Experts on the Democratic Republic of the Congo.* United Nations, 2020.
5. **United Nations High Commissioner for Refugees (UNHCR).** *Global Report: Democratic Republic of the Congo.* UNHCR, 2021.
6. **Congo Research Group.** *Violence in the Democratic Republic of Congo: Causes and Consequences.* Congo Research Group, New York University, 2016.
7. **Global Witness.** *Digging in Corruption: Fraud, Abuse, and Exploitation in Katanga's Copper and Cobalt Mines.* Global Witness, 2006.
8. **World Bank.** *Democratic Republic of Congo: Growth with Governance in the Mining Sector.* World Bank, 2008.
9. **Amnesty International.** *Democratic Republic of Congo: No End to War on Women and Children.* Amnesty International, 2014.
10. **International Organization for Migration (IOM).**

Displacement Tracking Matrix: Democratic Republic of the Congo. IOM, 2019.

Media e documentari

1. **BBC World Service.** *"The Deadliest Conflict You've Never Heard Of."* BBC News, 2018.
2. **"Crisis in the Congo: Uncovering the Truth."** Documentary by Friends of the Congo, 2011.
3. **Frontline.** *"Congo: The War that Never Ends."* PBS, 2008.
4. **Al Jazeera.** *"People and Power: Congo's Forgotten War."* Al Jazeera, 2017.
5. **The Guardian.** *"Inside the Democratic Republic of Congo's Mineral Mines."* The Guardian, 2017.
6. **VICE News.** *"The War in the Congo: Blood and Cell Phones."* VICE News, 2014.
7. **New York Times.** *"A Warlord's Retreat: The End of Ntaganda."* New York Times, 2013.
8. **"The Congo Dandies: Living in Poverty and Spending a Fortune to Look Like a Million Dollars."** Documentary by France 24, 2017.
9. **CNN.** *"Congo's Curse: The Road to Nowhere."* CNN, 2009.
10. **Reuters.** *"In Congo, Protecting Women from Sexual Violence is a Constant Battle."* Reuters, 2018.

Don't miss out!

Visit the website below and you can sign up to receive emails whenever Marien-Edgard Ngbali BEMI publishes a new book. There's no charge and no obligation.

https://books2read.com/r/B-A-AYAEB-KNKDF

BOOKS2READ

Connecting independent readers to independent writers.

Did you love *Il genocidio nella Repubblica Democratica del Congo: Svelare la tragedia dimenticata.*? Then you should read *Gesù-Cristo, il rifugiato!*[1] by Marien-Edgard Ngbali BEMI!

Gesù Cristo, il rifugiato: Un viaggio di spostamento, fede e solidarietà divina

In Gesù Cristo, il rifugiato, Marien-Edgard Ngbali BEMI esplora uno degli aspetti più trascurati della vita di Gesù: la sua esperienza di rifugiato. Approfondendo la narrazione biblica della fuga della Sacra Famiglia in Egitto, questo libro profondo scopre le dimensioni umane e spirituali dello sfollamento, collegando il viaggio di Gesù con la condizione dei rifugiati di oggi.

Attraverso una ricca miscela di approfondimenti teologici, contesto storico e paralleli contemporanei, quest'opera sfida i lettori a

---

1. https://books2read.com/u/b56qO6

2. https://books2read.com/u/b56qO6

riflettere sulle implicazioni sociali, spirituali ed etiche delle esperienze dei rifugiati. Il libro mette in evidenza Gesù non solo come Salvatore, ma come colui che ha condiviso intimamente la sofferenza degli sfollati, offrendo un potente messaggio di compassione, giustizia e speranza per un mondo in crisi.

Attingendo alle Scritture e alle moderne storie di rifugiati, Gesù-Cristo, il rifugiato invita i lettori a riconsiderare la loro comprensione della fede e della responsabilità sociale. Invita a un impegno più profondo nell'accogliere gli emarginati e nell'affrontare le crisi dei rifugiati con la stessa empatia e azione dimostrate da Gesù.

Questo libro tempestivo è essenziale per i cristiani, i teologi e chiunque cerchi di capire l'intersezione tra fede, giustizia sociale e l'esperienza globale dei rifugiati.

Also by Marien-Edgard Ngbali BEMI

Échos de l'Est de la République Démocratique du Congo : Poèmes d'une Terre en Guerre Perpétuelle.

Ecos do Leste da República Democrática do Congo: Poemas de uma Terra de Guerra Perpétua.

Echi dall'est della Repubblica Democratica del Congo: poesie da una terra di guerra perpetua.

Demokratik Kongo Cumhuriyeti'nin Doğusundan Yankılar: Sürekli Savaş Ülkesinden Şiirler.

Jesus-Christ, the Refugee!

Jésus-Christ, le réfugié!

Gesù-Cristo, il rifugiato!

¡Jesucristo, el Refugiado!

Jesus Cristo, o Refugiado!

İsa-Mesih, Mülteci!

Jesus-Christus, der Flüchtling!

The Genocide in the Democratic Republic of the Congo: Unveiling the Forgotten Tragedy.

Le génocide en République démocratique du Congo : Révéler la tragédie oubliée.

Il genocidio nella Repubblica Democratica del Congo: Svelare la tragedia dimenticata.

About the Author

Marien-Edgard Ngbali BEMI è insegnante di francese e coordinatore della teoria della conoscenza presso la British International School Istanbul in Turchia. Ha insegnato varie materie scolastiche in diversi Paesi: Repubblica Democratica del Congo, Regno Unito e Turchia. Ha studiato nella Repubblica Democratica del Congo, in Italia e nel Regno Unito. Poliglotta e parlante diverse lingue, ha conseguito diversi titoli universitari, tra cui una laurea in teologia e un doppio master in filosofia ed educazione. È anche autore di diversi articoli e libri.